管理就是管效率

陈裕棋◎著

台海出版社

图书在版编目（CIP）数据

管理就是管效率 / 陈裕棋著. -- 北京 ：台海出版
社，2024. 7. -- ISBN 978-7-5168-3936-2

Ⅰ. F272-49

中国国家版本馆 CIP 数据核字第 20241F5V46 号

管理就是管效率

著　　者：陈裕棋

责任编辑：王　艳　　　　　　　　　封面设计：回归线视觉传达

出版发行：台海出版社

地　　址：北京市东城区景山东街 20 号　　邮政编码：100009

电　　话：010-64041652（发行，邮购）

传　　真：010-84045799（总编室）

网　　址：www.taimeng.org.cn/thcbs/default.htm

E - m a i l：thcbs@126.com

经　　销：全国各地新华书店

印　　刷：香河县宏润印刷有限公司

本书如有破损、缺页、装订错误，请与本社联系调换

开　　本：710 毫米 × 1000 毫米　　　　1/16

字　　数：180 千字　　　　　　　　　印　　张：14.5

版　　次：2024 年 7 月第 1 版　　　　　印　　次：2024 年 7 月第 1 次印刷

书　　号：ISBN 978-7-5168-3936-2

定　　价：68.00 元

空间上并行，时间上继起

管理学家们讨论的一个长盛不衰的话题是，管理学到底是什么？

他们的一个结论是，管理学既是一门科学，又是一门艺术，即管理随实际管理者的领悟力和才情而呈现出不拘一格、五彩缤纷的局面。但这个结论仍未说明管理的核心作用，管理不仅是分配任务和监督员工的过程，h还涵盖规划、组织、领导和控制等多个方面，旨在确保资源得到最佳利用，以实现预定的目标。

在不断变化、竞争激烈的现代社会，管理的核心可以用一句话来概括，即"管理就是管效率"。

管理者的任务不仅是确保任务的完成，更是要确保任务以最高效的方式完成。因此，管理就是管效率的实现需要深入探讨两个关键概念：空间上的并行和时间上的继起。这两者之间的相互作用，可以帮助我们更好地理解管理与效率的紧密联系。

1. 空间上的并行：同时处理多个任务

空间上的并行是指同时处理多个任务，而不是依次进行。这个概念源自计算机科学，但它同样适用于企业管理，多项工作的并行处理可以显著提高管理效率和执行效率，减少等待和任务切换之间的时间成本。

2. 时间上的继起：任务的有序安排

时间上的继起是指确保任务按照正确的顺序进行。这一概念强调了在一个任务完成之后立即开始下一个任务，而不浪费时间。在管理中，时间上的继起可以用来确保工作流程的有序性，避免任务之间的冲突和混乱。

3. 空间上的并行与时间上的继起的结合

要实现最高效率，需要将空间上的并行和时间上的继起相结合。这意味着不仅要同时处理多个任务，还要确保它们按照正确的顺序完成。在工作中，高效的管理行为结合项目管理软件和工作流程工具可以帮助我们实现这一目标。

通过在空间上的并行和在时间上的继起，可以更好地利用时间和资源，最大限度地提高工作效率，实现更多的目标和成就。在快节奏的现代社会，这一理念变得愈发重要。但还需要知道，为什么效率如此重要？随着时代的发展，效率的重要性对于企业经营的作用是在不断变化的，但有三种作用是永恒不变的：

（1）因为资源有限，所以要追求效率。在现实世界中，资源通常是有限的，包括时间、资金、人力和物资。管理的任务之一就是利用这些有限资源取得最大的成果。只有高效的管理才能确保资源得到最佳利用，避免浪费和低效率。

（2）因为竞争激烈，所以要追求效率。现代商业环境充满竞争，企业需要不断提高效率，以保持竞争力。那些能够更高效地生产、销售和提供服务的企业通常更有可能脱颖而出，并在市场上取得成功。

（3）因为要满足用户，所以要追求效率。高效率通常与用户满意度密切相关，用户期望获得快速、准确和高质量的产品与服务。管理的目标之一就是确保生产和交付过程能够满足用户需求，这需要高效率的运营。

　　本书结合上述效率的重要性，分为三大部分来介绍提升效率的方式。这三部分内容分别为：通过战略的正确制定与战略配称获得效率提升、通过高效的组织管理引领效率提升、通过个人激励彻底实现效率提升。本书打破了过往同类书籍雷同的阐述顺序，以更加贴近实战的角度进行深度讲解。

　　待阅读完本书后，相信您会对"管理就是管效率"有更清晰和更深刻的认知，并能够掌握足够在实战中应用的方法。

　　最后，祝愿每一位阅读本书的人都能在企业管理中真正实现效率的提升！

企业战略方向、组织效率与人力效率的关系

　　企业战略方向、组织效率和人力效率之间存在密切的关联，它们构成了企业成功实现目标的综合体系。首先，企业战略方向是组织行动的指导原则，直接塑造了组织的结构和运营模式。一个明晰的战略方向有助于确立组织的重点领域，提高组织的决策效率。

　　在这一框架下，组织效率成为实现战略目标的关键要素。通过有效的组织结构和协同机制，企业能够更迅速地适应市场变化，优化资源配置，提高生产效率。例如，通过分工明确、沟通高效的组织结构，企业可以更灵活地应对市场竞争，推动创新，从而实现战略目标。

　　而人力效率则直接关系到企业的运作效能。拥有高效能的团队和员工，能够更好地执行战略计划，快速响应市场需求。有效的人力效率管理不仅包括职位划分和能力提升，还需关注员工激励、团队建设等方面。通过建立积极的激励机制、形成正向的团队效能，可以激发员工的创造力和工作热情，进而提升人力效率。

　　此外，战略方向、组织效率和人力效率之间存在着相互影响的动态关系。战略方向的变化可能需要组织效率的调整，而组织效率的提升则需要

有针对性地优化人力资源。因此，企业在制定战略方向时应考虑到组织效率和人力效率的需求，以确保整个体系的协调和一致。

在实践中，企业需要不断地优化战略方向、组织效率和人力效率这三者之间的关系，使之趋于平衡，从而更好地实现战略目标。综上所述，企业战略方向、组织效率和人力效率之间相辅相成，共同组成了企业成功的基石。

目录

中篇　组织效率

下篇　人力效率

上篇
战略方向

战略优势只是暂时的，以正确的态度应对不断变化的经济周期

企业都渴望拥有持久的竞争优势，然而现实是，战略优势只是暂时的。经济周期的波动、技术变革、政策变化和市场需求的演变都可能威胁到企业的竞争地位。

（1）经济周期是不可避免的。繁荣期和衰退期总是交替出现，对企业的影响巨大。在繁荣期，许多企业蓬勃发展，但在衰退期，由于竞争激烈，许多企业陷入困境。因此，企业需要具备灵活性，以适应经济周期的变化。

（2）技术变革是经济中的常态。新技术的出现可以迅速改变市场格局，将原本强大的企业颠覆。以蓬勃发展的数字化技术为例，数字化革命已经颠覆了传统产业，促使企业采取新的商业模式。战略优势不再仅仅依赖资源，更依赖创新和快速适应。

（3）政策和法规的不确定性。政策和法规的变化也将对企业的竞争地位产生重大影响。国际贸易政策的变化、税收政策的调整，甚至环境法规的加强都可能改变商业环境。企业需要密切关注政策动向，并制定灵活的战略以应对这些变化。

（4）市场需求的演变。随着互联网经济的蓬勃发展，人们的消费需求也发生了很大变化。如对个性化产品的需求逐渐增大，同时也更注重产品的品质和消费体验。互联网时代，消费者将目光转向了品牌、品质和个性

化等方面。

因此，无论企业看起来多么强大，其成功都不是静止的状态，而是需要用持续的努力和正确的态度来应对不断变化的经济周期，维持竞争优势。这要求企业：

（1）具备灵活性和适应性。企业能够迅速调整战略以适应变化，包括重新评估产品组合、市场定位和业务流程，以确保适应新的市场环境。

（2）维持创新。企业需要不断地寻求新的解决方案、产品和服务，以满足不断变化的市场需求，并保持市场份额。

（3）长期规划。企业需要制定长远的愿景和战略，而不仅仅是确定短期的盈利目标，这将有助于企业在经济周期的不同阶段保持一致性和稳定性。

（4）风险管理。企业必须识别和评估潜在风险，并采取措施来减轻其影响，例如开展多元化业务或制订应急计划。

战略优势只是暂时的，经济周期、技术变革、政策变化都是不可预测的因素，可能对企业的竞争地位造成威胁。因此，企业需要具备发展的灵活性、创新性以及制定长期的规划，以适应不断变化的环境，穿越经济周期，并维持竞争优势。只有如此，企业才能在不断变化的市场经济中持续繁荣。

第一章　危机纪元：战略阴霾已经层层笼罩

"战略阴霾已经层层笼罩"，这句话表达了当前许多企业都面临着诸多的不确定性和困难。这些阴霾笼罩着决策层，对长期发展产生了严重的影响。本章将探讨五个使企业陷入危机的战略错误，并提供相应的避免方法。无论是对于正在制订战略计划的初创企业，还是已经运营多年的老牌企业，本章都将提供宝贵且实用的战略引导。

战略计划的制订忽视市场和竞争环境

企业战略计划的制订是一项复杂而关键的任务，直接影响着企业的长期发展和竞争力。了解市场和竞争环境的变化与趋势，对于制订有效的战略计划至关重要。然而，有些企业在制订战略计划时，往往忽视了市场和竞争环境这两个至关重要的因素，致使战略计划无效，市场竞争力丧失。

首先，忽视市场和竞争环境将导致企业制订的战略计划与实际情况脱节。市场和竞争环境的变化是不可避免的，如果企业不及时调整战略计划来适应这些变化，就会失去竞争优势。例如，某家电子公司可能在几年前制订了一项战略计划，想要在手机市场获得领先地位。但由于市场技术和消费者偏好发生变化，导致该战略计划失效，公司的投入打了水漂儿，未获得预期收益。

其次，忽视市场和竞争环境将导致企业陷入价格竞争的陷阱。如果企业不了解市场需求和竞争对手的策略，就很容易采用价格战来吸引用户。但是，这种战略通常会降低利润，并对企业的可持续发展产生负面影响。因此企业应该更多地关注如何提供独特的价值和创新，而不仅仅是价格优势。

再次，忽视市场和竞争环境将导致企业在产品开发和市场定位上决策失误。如果企业没有深入了解市场需求和竞争对手产品的特点，就难以开发出符合市场需求的产品，也无法选择适当的市场定位，这必将导致产品的失败和市场份额的流失。

最后，忽视市场和竞争环境将导致企业错失战略合作机会。了解市场和竞争对手可以帮助企业识别合作伙伴和战略机会，从而扩大市场份额并获得竞争优势。如果企业只关注自身内部而忽视外部环境，就会错失与其他企业合作的机会，限制自身的增长潜力。

以下将深入讲解如何分析市场和竞争环境，并介绍如何利用分析出的信息辅助企业制订战略计划。

分析市场和竞争环境可以从市场、竞争、技术和趋势三个方面入手。

（1）市场分析。收集目标市场的数据和信息，包括市场规模、增长趋势、消费者行为和消费需求等方面的数据。可以通过市场调查、数据分析和竞争对手研究等方式实现。

（2）竞争分析。深入了解竞争对手的产品、定价、营销策略、品牌形象、市场口碑及地位、市场占有率等。分析竞争对手的优势和劣势，为企业制定应对策略提供参考。

（3）技术和趋势分析。分析行业当前的技术发展和行业趋势，以确定未来的机会和挑战。可以通过参与行业会议、关注和研究行业报告以及与专业机构合作等方式实现。

利用市场和竞争环境的分析结果制订战略计划可以从机会、风险、竞争、合作与创新四个方面实现。

（1）机会识别。通过分析市场和竞争环境，识别出新的市场机会和潜在增长领域。利用新机会和增长点制订战略计划，包括扩大市场份额、推出新产品或服务、进入新领域等。

（2）风险评估。通过深入分析和评估经营中的各类风险，制定相应的策略以降低风险。具体方式包括采取市场差异化策略、提升产品质量或服务水平、加强品牌营销和推广等。

（3）竞争策略。选择适当的定位策略，准确确定目标用户群体，制定差异化的产品或服务策略，以增强企业竞争力；关注竞争对手动态，及时调整和优化战略以应对市场变化。

（4）合作与创新并进。建立合作关系，共享资源和知识，以实现互利共赢的局面；积极推动创新与研发，不断提升产品和服务的质量与竞争力。

总之，忽视市场和竞争环境是企业制订战略计划时的一项严重错误。只有通过深入了解市场和竞争对手，掌握竞争对手的优势和劣势，企业才能制订出更具竞争力和可持续性的战略计划，实现长期的成功。

战略计划模糊，执行困难

　　某教育培训公司制订的战略计划模糊，导致公司运行过程中存在许多严重的问题：

　　（1）目标不清晰。虽然公司有一个模糊的使命陈述，但并没有明确具体的目标，导致员工对于工作的重点和方向感到困惑，无法将精力集中在实现公司目标的关键任务上。

　　（2）计划不具体。公司的战略计划缺乏具体性，没有明确实现目标的步骤和措施，使得员工无法了解公司在不同阶段的具体目标，也无法评估战略计划的实施效果。因此，该公司在执行战略计划时遇到了许多困难，无法有效地实现目标。

　　（3）计划与实际情况脱节。公司的战略计划没有考虑到公司的实际情况，如资源分配、人员配置等，导致计划与实际情况脱节，难以落地。在执行过程中，常常出现资源和人员配备不足等问题，严重影响了战略计划的实施效果。

　　（4）缺乏持续的改进。虽然公司制订了年度计划和季度计划，但在实际执行过程中并没有根据实际情况进行调整和改进，使得公司的战略计划难以适应市场和竞争环境的变化，也就无法实现持续的改进和优化。

　　综上所述，企业战略计划模糊，必然导致战略计划执行困难。为了避免这些问题，企业应该制订清晰明确的战略计划，并与实际情况相结合，进行有效的执行和控制。

战略规划是企业成功的关键组成部分。然而，正如案例呈现的那样，许多企业在制订战略计划时经常遇到计划模糊和执行困难的问题。下面以表格的形式阐述企业战略计划模糊和执行困难的具体情况（见表1-1）。

表1-1　企业战略计划模糊和执行困难

		概述	解释
计划模糊	原因	不明确的目标	战略计划通常以明确的目标为基础，但有时企业未能明确自身的目标，导致计划的整体模糊，使得员工难以理解和追随
		信息不足	企业没有足够的市场数据、竞争情报或内部绩效指标，不完整或不准确的信息导致战略计划制订得不明确和不清晰
		组织文化问题	有的企业文化出于对其他方面的考虑，倾向于避免明确的目标和责任，导致战略计划变得模糊，员工不愿也无法承担明确的责任
	影响	方向不清	员工难以理解企业的长期目标和战略方向，导致工作不协调和效率低下
		资源浪费	由于计划不明确，企业会投入资源到不合适的项目或活动中，浪费时间和金钱
		竞争劣势	竞争激烈的市场要求企业有清晰的战略，否则就会失去竞争优势
执行困难	原因	不合理的期望	企业的战略计划难以在短期内实现，员工感到压力，超限目标降低了执行的积极性
		缺乏资源	战略计划需要适当的资源支持，包括人员、预算和技术，如果企业未能提供足够的资源，执行就会出现困难
		沟通问题	战略计划的有效执行需要清晰的沟通和理解，如果计划没有得到充分传达，员工无法明确知道自己的角色和职责，将导致执行困难
	影响	未实现目标	如果战略计划无法有效执行，企业将难以实现其长期目标，将影响竞争力和可持续性
		工作满意度下降	员工会感到挫败和不满，因为他们无法完成既定的任务，情况严重的将导致士气下降和人员流失
		资源浪费	无法有效执行的计划会浪费企业的资源，对财务状况造成损害

在战略规划中，明确的目标和愿景是成功的基石。因此，企业在制订战略计划时，必须有明确的目标和愿景，让战略计划变得清晰和可执行。

以下将深入介绍如何制定明确的战略目标和愿景，以确保它们与企业的价值观相一致。

制定明确的战略目标和愿景可以先对目标进行定义和分解，再遵循SMART原则进行制定。

第一步——定义目标：企业必须明确定义具体的、可衡量的且与企业使命和愿景相契合的长期目标。例如，某战略咨询公司的目标是成为行业内领先的全球咨询服务提供商。

第二步——分解目标：将长期目标分解为短期目标，且为短期目标设定里程碑，以便更好地管理和跟踪目标实现的进展，同时确保每个阶段都朝着长期目标迈进。

第三步——遵循SMART原则：确保制定的目标符合SMART原则，即具体（Specific）、可衡量（Measurable）、可达成（Achievable）、相关（Relevant）和有时限（Time-bound）。

解决计划模糊和执行困难，可以通过目标、决策、资源分配、沟通和灵活性五个方面实现。

（1）明确目标。确保战略计划中的目标明确、可衡量和可达成。需要与各级员工明确沟通，并确保他们理解自己在实现这些目标中的作用。

（2）数据驱动决策。收集和分析市场数据、竞争情报和内部绩效数据，以支持战略制定和执行。

（3）适当的资源分配。确保为战略计划提供足够的、精准的资源支持，包括人员、预算和技术等。

（4）有效沟通。建立清晰的沟通渠道，确保员工了解他们的角色和职责，以实现战略目标。

（5）灵活性。战略计划应具有一定的灵活性，以适应变化的市场环境。可以通过定期审查和调整计划反映新的信息和挑战。

战略计划的模糊和执行困难是许多企业面临的挑战。而通过明确战略目标和愿景，企业可以为自身发展提供清晰的方向和动力，让企业战略计划的实施更容易成功。

战略未考虑资源结构和自身能力

某绿色能源公司计划进入一个新的市场，生产并销售太阳能板和电动汽车。该公司决策层认为，这个市场是可持续的和环保的，所以这是一个巨大的机会。然而，他们却忽略了以下两个因素。

（1）资源结构：生产太阳能板和电动汽车需要大量的资本，用于制造设备、研发和营销等。此外，还需要获得政府对太阳能和电动汽车产业的补贴以及消费者的认可。如果企业没有获得足够的政府支持或者消费者对这种产品的需求不足，那么这个战略计划很可能会失败。

（2）自身能力：要想生产质量好、市场需求趋于饱和的太阳能板和电动汽车等产品，绿色能源公司需要具备研发、生产、质量控制、营销和销售等能力。如果公司没有这些能力，就可能无法在这个竞争激烈的行业中立足。

因此，尽管这个战略看起来很有吸引力，但如果没有考虑到资源结构和自身能力，很可能会失败。绿色能源公司必须考虑自身的资源结构，以及是否有足够的能力来执行这个战略。

由上述案例可知，在制定战略时，考虑企业现有的资源结构和核心能力是至关重要的。忽视这一点将导致战略计划的不可行和执行困难。

企业未考虑资源结构的原因有很多，核心原因离不开盲目竞争、急功近利和认知偏差三大方面。

　　企业可能受到竞争对手某些成功战略的启发，但未考虑到自身的资源结构与竞争对手不同，导致制订的战略计划并不适用。此错误引发的直接影响是浪费资源，因为盲目将资源投入企业不适合的项目或领域，将严重影响企业的财务状况，企业战略也将泡汤。

　　企业常常受到市场的短期压力影响，为了快速摆脱压力转而追求短期的快速盈利，将导致不合理的战略决策。此错误引发的直接后果是战略失当，因为战略未经充分分析和匹配资源，无法顺利执行，将导致战略的失败和陷入竞争劣势。

　　企业管理层对自身资源和能力有不准确的认知，过于自信或低估了自身的潜力，导致战略规划出现偏差，时常调整，无法产生行之有效的战略指导作用。此错误引发的直接影响是组织动荡，因为频繁变化的战略会引发员工的不满和不稳定，进而影响组织的凝聚力和执行力。

　　企业未考虑自身能力的原因也有很多，核心原因离不开过度求增、市场变化和组织文化等。

　　企业过于追求市场份额的增长，而忽视了自身能力的限制，导致战略计划制订得不切实际。此错误引发的直接后果是盲目扩张，企业会在不切实际的战略计划的指引下，将大量资源用于方向错误的发展，一方面对财务状况产生极大的负面影响，另一方面让企业陷入经营危机中。

　　技术和市场的快速变化使企业的核心能力过时，但企业并未及时调整战略来适应这些变化。此错误引发的后果是，未能根据环境变化调整企业核心能力，无论是实施旧战略还是新战略，企业都无法支撑战略的实施，导致战略失败。

　　某些企业不鼓励自我批评和能力诊断，导致企业对实际能力产生误判。此错误引发的后果是，员工会因为被要求完成他们认为不可能完成的任务而感到不满，进而影响工作积极性和士气。

通过上述分析可以看出，企业要想制订出切实可行且对长期发展有重大意义的战略计划，就必须深入了解企业的资源结构和自身能力。

评估企业现有的资源和能力，可以借助 SWOT 分析法实现。

（1）资源清单。制定一份详尽的资源清单，列出企业目前拥有的各种资源，包括资金、人力、技术、设备、品牌、客户等。

（2）能力评估。评估企业在特定领域或业务中所拥有的独特的技能和知识，以确定企业在制订战略计划时可以依靠的内在和外在优势。

（3）SWOT 分析法。SWOT 分析法（Strengths——优势、Weaknesses——劣势、Opportunities——机会、Threats——威胁），有助于综合评估企业的内部资源和能力，以及与外部环境的匹配程度。通过利用优势、克服劣势、抓住机会和应对威胁，优化企业战略规划并提高竞争力。

开发新的资源和能力以支持战略计划可以通过规划、文化、人才、技术、监控与调整五个方面实现。

（1）长期规划。企业需要在长期规划中注重资源积累和核心能力的发展，而不仅仅关注短期盈利的增长。

（2）组织文化。建立鼓励自我批评和能力诊断的组织文化，以确保管理层和员工能够诚实地评估企业的能力。

（3）人才发展。一方面培养和吸引具有相关专业知识和经验的人才，另一方面通过培训、招聘和员工发展计划等方式提升员工的技能和知识，以支持战略计划的执行。

（4）技术创新。积极进行研发和技术创新，探索新的技术和解决方案，改进产品或服务的质量和效率，以适应市场需求的变化。

（5）持续监测和调整。市场和技术的变化是不可避免的，企业需要定期监测和调整战略，以适应新的情况。

因此，在考虑企业现有的资源和能力的基础上，支持战略计划的制订和执行，是确保战略得以成功实施的关键。

战略缺乏灵活性和适应性

苏宁集团上线后，其线上与线下的目标比较明确，即朝着全品类的方向发展，尤其是线上的苏宁易购，所售产品追求多种多样，除了苏宁的看家品类——电器和小家电外，还包括日用百货、3C产品、母婴产品等。然而，依靠传统家电起家的苏宁在消费者心中已经形成了只是电器销售商的印象，导致苏宁易购依然被消费者当作是家电销售平台。

在此之前有京东商城成功从电器销售平台转型为全品类销售平台的经验，苏宁易购进行模仿和复制，但其战略缺乏灵活性和适应性。具体表现在：首先，苏宁的战略执行系统比较僵化，从意识到必须作出战略调整到确认战略调整，再到实施战略调整之间的时间跨度过长，后知后觉让苏宁易购错过了很多好的发展机会。其次，苏宁的战略也不具有足够的适应性，在消费者愈发青睐全品类、生态化的网购平台之际，苏宁易购的自营商品不如其他大型平台种类丰富，严重影响了消费者的积极性和信心。这些都导致了除电器以外的其他商品在苏宁易购的销售情况不好。

由此可见，商海搏击的一个关键因素就是"变"，企业不断适应新环境，不断走向强大。如果企业战略缺乏灵活性和适应性，势必导致无法应对市场变化，进而影响企业的竞争力和持续发展。

企业战略缺乏灵活性和适应性的原因和影响分别包含三个方面。

原因：

（1）固化的战略观念。企业执着于确定了的战略方向，认为只有坚守原计划才能取得成功，因此不愿意调整战略。

（2）害怕变化。变化通常伴随着风险，一些企业害怕承担风险，宁愿坚持原战略，也不愿意适应新的情况。

（3）组织文化问题。一些企业的内部文化不鼓励创新和变革，限制了战略的灵活性和适应性。

影响：

（1）失去竞争优势。快速变化的市场要求企业具备灵活性，才能够快速调整战略适应新的竞争环境。如果企业无法做到这一点，必将失去竞争优势。

（2）错失发展机会。市场中总是存在新的机会，但如果企业的战略缺乏适应性，就会与这些机会擦肩而过。

（3）资源使用不当。坚持不变的战略将导致资源因使用不当而被浪费，因为它们被投入到了不再适用的领域或项目中。

企业如何在不断变化的环境中调整战略计划，又如何保持灵活性和适应性以应对未来的挑战呢？以下给出了六种方法，仅供参考。

（1）监测市场和环境。企业通过使用市场调研、竞争情报分析等方法，定期收集和分析市场与竞争环境的数据和信息，随时了解行业趋势、竞争动态和消费者需求的变化和趋势。

（2）弹性计划和方案。在制订战略计划和行动方案时，应考虑到多种情况和可能性，以更好地适应环境的变化。同时考虑到不可预见的风险和变化，在战略计划中纳入多种应对措施和备选方案，以便在发生突发事件或市场变动时，能够快速作出反应。

（3）持续学习和创新。建立鼓励创新和变革的学习型企业文化，培养创新思维和适应变化的能力，鼓励员工不断创新和探索新的解决方案。

（4）敏捷决策与执行。通过扁平化的组织结构、跨部门协作和信息共享，建立快速决策和执行机制，使企业能够快速作出决策并迅速行动。

（5）加强合作与伙伴关系。在行业内建立紧密的合作关系，共享资源，共同制定合作方案，一起应对市场变化和挑战。

（6）敏捷方法与风险管理。注重快速的反馈和调整，即投资和采用新技术与数字化工具来提高组织的敏捷性和适应性。采用敏捷方法管理风险，确保企业灵活性和适应性的基础上作出决策，而不是盲目地回避风险。

在面对不断变化的商业环境时，灵活性和适应性是战略规划的关键要素。战略的适应性和灵活性不仅是应对变化的工具，也是取得竞争优势的关键。因此，企业应在不断变化的环境中制订并实施灵活性和适应性强的战略计划。

战略不具有抵抗竞争的技术壁垒

没有壁垒，扎堆创业就只有死路一条！

高新企业中，没有壁垒的那些都面临着一系列挑战。例如，某科技公司成立初期，凭借一些新颖的技术和创意在市场上取得了一定的成功。然而，随着时间的推移，该公司由于缺乏核心技术，很难与行业内的其他公司竞争。竞争对手可以轻易地模仿它们的产品和技术，导致该公司的产品失去了竞争优势。

由于没有足够的技术壁垒，该公司的利润率逐渐下降，甚至出现亏损。同时，由于缺乏独特的卖点，该公司的市场地位也逐渐被其他竞争对手取代，最终不得不退出市场。

这个案例表明，对于高新企业而言，应制订出具有领先地位的技术战略计划，进行广泛且持久的研发活动，掌握核心技术，形成技术壁垒，将其他企业有力地排除在外，从而获得经营的成功。

相反，企业如果无法制订出完整的技术战略计划，将缺乏抵抗竞争的壁垒，进而对企业的竞争力和可持续性发展产生负面影响。

（1）激烈的竞争压力。企业将处于更加激烈的竞争环境中。其他竞争对手可以轻易进入市场，模仿企业的产品或服务，引发价格战，导致企业利润率下降。

（2）降低盈利能力。其他竞争对手可能会不断侵蚀市场份额，使得企业需要不断投入资源来保持市场份额，致使盈利能力降低。

（3）限制创新。企业将陷入成本压力，不愿意投资于研发和创新，限制了新产品或服务的推出，致使其在市场上失去竞争力。

（4）用户流失。企业产品或服务没有竞争力，用户便可能转向竞争对手，对企业的客户忠诚度构成威胁。

（5）高风险暴露。过度的竞争使企业疲惫不堪、根基不稳，更容易受到市场波动和外部威胁的冲击。市场进入门槛较低，竞争对手可以随时进入市场，增加了企业的不稳定性。

（6）可持续性问题。企业会陷入周期性的盈利和损失，无法建立起长期的、可持续的、稳固的市场地位。

由此可见，当战略不能为企业带来竞争壁垒时，企业必将陷入激烈竞争中。因此，企业需要认真制定战略，构建竞争壁垒，以维护竞争优势和长期发展。

拥有优秀战略计划的企业是不惧竞争的。企业要将战略的力量彻底发挥出来，即使面对高强度的竞争环境，也拥有创造持久、利润显著的潜力。

注意，并非任何优势都可以被称为"战略力量"，战略力量必须同时拥有以下两个特征：

（1）收益。战略力量必须为企业带来现金流的实质性改善。不论是提升价值、降低成本、提高定价或降低投资需求，战略力量的存在可以让企业的现金流持续改善。

（2）壁垒。战略力量需要有抵抗竞争的壁垒。壁垒的存在将使得竞争对手无法乘虚而入，因为它们找不到企业的薄弱点，如果强行突破，预期的投入和结果之比并不划算。

因此，企业的战略力量不仅需要具备出色的规划能力和执行力，还需要建立有效的抵抗竞争的壁垒。

战略力量是企业能够在市场中取得成功的能力，包括企业的市场定位、产品或服务的独特性、客户关系、创新能力等。战略力量通常是企业竞争优势的核心，但这并不意味着它们就是坚不可摧的竞争壁垒。

那么，如何使战略力量变成抵抗竞争的壁垒呢？我们从技术、品牌、网络效应、成本优势和法规五个方面进行详细阐述。

（1）在战略中强调技术壁垒。在今天的数字化时代，拥有独特的技术或专利可以建立有力的竞争壁垒，因此企业应不断投资于研发和创新，确保其技术领先地位。

（2）在战略中重视品牌壁垒。建立强大的品牌可以吸引忠诚的用户群体，降低用户流失率，并为产品或服务赋予独特性。虽然品牌的建设需要时间和持续努力，但它可以成为竞争的有力武器。

（3）在战略中强化网络效应。某些业务模式具有网络效应，这意味着它们会随着用户数量的增加而变得更有价值。这种效应可以形成强大的竞争壁垒，因为它需要竞争对手赶超巨大的用户基础。

（4）在战略中体现成本优势。如果企业能够实现规模经济，并在生产、采购或物流方面形成成本优势，将更具有竞争力。低成本可以成为竞争的壁垒，因为其他企业可能无法轻松降低成本。

（5）在战略中不能忽视法规和合规性。部分行业受到严格的法规和合规性要求，如果企业能够合规运营，并建立符合法规的声誉，那么其他竞争对手可能会面临更高的进入门槛。

除了上述五点外，更为重要的是，企业需要不断创新和适应。即使拥有强大的竞争壁垒，也不能停滞不前。市场和技术不断发展，竞争对手可能会寻找新的方式来挑战行业中的优势地位，因此持续创新和灵活性仍然是企业战略成功的关键。

总之，在竞争激烈的商业环境中，战略力量需要与抵抗竞争的壁垒相结合，以确保企业能够长期保持竞争优势。这需要坚定的承诺、不断的投入和灵活的思维，以适应不断变化的市场环境。只有如此，企业才能在竞争中脱颖而出，获得成功。

第二章　战略解码：秩序之外的创新单元

"秩序之外的创新单元"是一种战略概念，是企业通过战略计划的制订和调整，创造出独立于传统经营模式和流程之外的新的战略架构，帮助企业在竞争激烈的市场中更好地适应变化，不断创新，保持竞争力。

重大创新总来自边缘

做一个游戏：

图 2-1 中有 9 个点，请用 4 条直线将 9 个点连起来，且 4 条直线必须一笔画出。

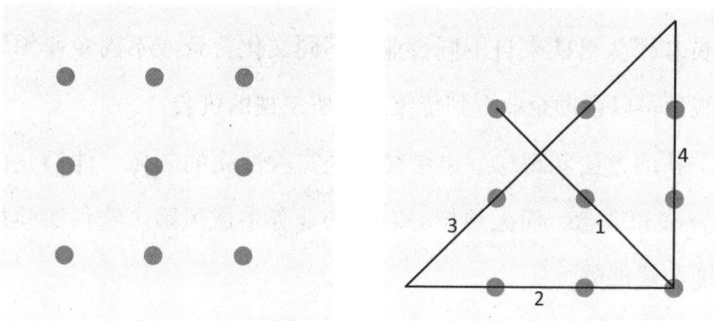

图2-1　9点连线

若将直线局限在 9 个点构建起来的范围内，则此题无解。若能打破这个范围，有了足够的空间，则解此题就很容易。虽然是个小游戏，却很有启发意义，它告诉我们，突破了固有的思维边界，原本复杂的难题便会迎刃而解。

《创新者的窘境》一书认为，大企业擅长延续性创新，小企业擅长破坏性创新。破坏性创新往往在边缘处兴起，这个结论在商业史上有大量例证。苹果（Apple）、英特尔（Intel）、微软（Microsoft）被认为是伟大的公司，其产品是高端、卓越的，但在创业初期它们的产品却是低端的代名词，都是颠覆了当时的产品形态的创新后，一举掌握了行业话语权。

创新是企业成功的驱动力，是企业实现竞争优势和可持续增长的关键因素。然而，真正重大的创新往往不是来自企业内部的主流思维，而是来自边缘的、非传统的观点和实践。亚马逊（Amazon）创始人杰夫·贝索斯的战略往往不是通过规划而成，而是来自边缘创意，开车时、洗澡时、吃早餐时都有灵感迸发出来。

边缘是指与企业主要业务和流程不直接相关的领域、人员或想法。通常，边缘是创新的温床，因为它们能够提供新的视角、新的方法和理念，激发创造力。

（1）新的视角。边缘通常涵盖各种多元化的观点和经验。与边缘相连接的人员和团队可能来自不同行业、不同文化背景或不同专业领域，他们的不同视角可以帮助企业看到传统思维所忽视的机会。

（2）新的方法和理念。边缘往往是实验性质的领域，他们允许企业尝试新的方法和理念，而无须担心对核心业务造成风险。这种实验精神是创新的重要组成部分。

（3）激发创造力。边缘的非传统环境通常能够激发创造力。在传统业务中，存在着一定的约束和规则，但边缘通常更加自由和开放，鼓励不拘一格地思考。

战略的边缘创新给企业带来的启示是：创新不会凭空出现，往往出现在大企业的周边；小企业在资金、技术匮乏时期，需要聚集实力，但也要敢于和大企业的非核心业务、非核心部门竞争；同时，对于大企业而言，不能故步自封，而是要走开放的道路，联合尽可能多的盟友，成为行业龙头。

有许多成功的企业案例表明，战略的边缘创新可以带来重大突破。例如，谷歌（Google）在人力资源的战略设定方面进行了多项重要改进，其中"20%时间"政策——允许员工将20%的工作时间用于实践自己的项目，对企业的经营产生了一些重大的进益，如Gmail。

企业战略的边缘创新好处巨大，而促使这种创新出现的，则是企业应该拥有的动力、活力和张力这三个因素。

首先是动力。企业要实现战略层面的变革和突破，在分析推动变革的动力时，不要忘了分析阻碍变革的阻力。同样，实践动力的时候，不要忘记破除阻力。

其次是活力。真正的战略创新基本来自所谓的混沌边缘，因此，不要害怕行业市场环境的混乱或"内卷"严重，关键在于从混沌的环境中发现新的机遇。

最后是张力。张力是延展的、向外的。企业在制订战略计划时，必须确保目光始终向外。不管是对于企业还是行业，追求的永远是如何通过战略的创新和变革去实现质变。

企业保持动力、活力和张力，就是在为边缘创意的出现最大限度地创造条件。因此，企业不仅要主动制造创新的动力、管理的活力和战略的张力，还应该为所在行业不断出现新的发展张力作出贡献。唯有如此，企业才能在有更高追求和目标的情况下，真正地朝着创新的方向发展。

用更优秀的新商业模式反定位

在竞争激烈的商业环境中，企业必须不断寻求创新来取得竞争优势。其中一种强大的方式是通过新的商业模式来反定位，即重新定义自身在市场中的位置和角色。

商业模式是企业用来创造、提供和捕获价值的方式，涵盖了产品或服务的设计、市场定位、价值主张、收入来源、合作关系和资源配置等方面。一个优秀的商业模式可以帮助企业实现以下目标：

（1）提供独特的价值，吸引客户并建立忠诚度。

（2）有效管理成本和资源，提高效率。

（3）与合作伙伴建立战略性合作关系，共同推动增长。

（4）为投资者提供可持续的回报。

然而，市场和竞争环境不断演变，传统的商业模式可能会变得过时，因此企业需要勇于审视和重塑自己的商业模式，以适应新的市场动态和客户需求。

反定位是一种策略性的行动，旨在改变企业在市场中的位置和角色。通过反定位，企业有可能超越传统的市场边界和期望，创造全新的竞争优势。反定位策略涉及重新定义企业的价值主张、重新配置资源、开拓新的市场领域或与不同的合作伙伴建立联系。

反定位的关键在于创造新的商业模式，使其超越传统模式，并为企业带来更大的市场份额和利润。以下是一些成功的反定位案例：

1. 京东——从在线电器销售到全品类生态平台

京东最初只是在线销售家电的小平台，随着电商业务在国内的快速发展，京东对其商城进行了产品品类和业务种类的丰富与扩充，不仅开发了"自营"产品系列，还上线了京东图书板块，同时增设了京东"白条"付款和京东"金条"借款业务。而且，为了配合迅速壮大的在线销售，京东搭建了自己的快递配送体系，在全国各地都建有京东仓库，实现了京东自营商品的同日达和次日达。同时完善的还有京东寄件服务，将快递触角延伸到京东商城之外。通过这一系列的扩展与整合，京东商城实现了从单一销售平台到全品类生态平台的演化。

2. 亚马逊——从电子书店到一站式在线商城

亚马逊最初是一家电子书店，后来通过扩展商业模式迅速成为一个一站式在线商城。其将自身从一个狭窄的市场定位扩展到了几乎所有商品和服务的提供商，重新定义了零售业。

3. 苹果——从个人电脑制造商到生态系统"领袖"

苹果一直是个人电脑制造商，但其通过创建包括 iPhone、App Store 和 iTunes 等系列产品在内的强大生态系统，将自己从一家硬件公司成功转变为了一家服务和娱乐公司。

4. 爱彼迎（Airbnb）——从房源分享平台到全方位旅行体验提供商

爱彼迎最初是一个房源分享平台，后来通过增加旅行体验和其他服务项目，将商业模式扩展到了更广泛的旅游行业。

如何用更优秀的新商业模式反定位？可以结合"战略聚类模型"进行深度考量。

战略聚类模型是由市场增长率和企业竞争地位两个坐标组成的一种模型，可以指导企业进行战略选择。根据市场增长率和企业竞争地位的不同，位于不同象限的企业可以采用不同的战略或进行不同的业务调整来进行反定位（见图 2-2）。

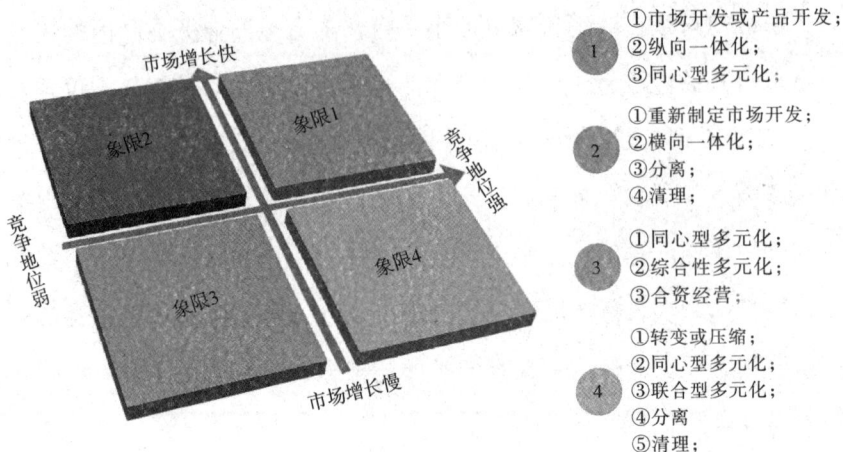

图2-2　战略聚类模型

象限 1 中的企业处于最佳战略地位，适合继续集中力量经营现有业务，以扩大市场占有率和开发新产品为主，不宜轻易转移既有竞争优势。如果企业有余力，可考虑以纵向一体化或者同心型多元化经营的方式对行业进行深层次定位，以便在行业有重大变化时启动更先进的商业模式来对行业进行反定位。

象限 2 中的企业虽然市场增长快，但竞争地位处于弱势，因此企业必须认真评估现有战略，找出绩效不佳的原因，通过改变企业战略、创建新的商业模式来提升企业的竞争地位。新商业模式必须以"制订或重新制订市场开发及产品开发战略计划"为核心，打通企业的横向一体化。

象限 3 中的企业既不具备市场增长速度，也没有竞争地位，但只要具有转向增长形势看好的领域的实力，即可借助同心型或联合型多元化新商业模式反定位企业战略，开拓更有前途的新领域，并在其中获得竞争优势。

象限 4 中的企业虽然竞争地位强，但市场增长不够，需要采用收缩战略减少对原有业务的资源投入，以获得转换商业模式所需资金，此时采取同心型和综合型多元化经营的新商业模式更便于让企业进入有前途的竞争领域，提升企业运营效率。

由此可知，企业的商业模式反定位是随时可能会发生的，无论企业规模、发展状况和经营策略如何，只要企业需要通过新商业模式进行反定位，就必须进行反定位。世界级企业的发展壮大过程中，新旧商业模式的交替、定位与反定位的交替和各类战略的交替，都是常态化的。那么，究竟该如何用更优秀的新商业模式进行反定位呢？不同的企业有不同的情况，需要结合实情具体分析，但有一些做法是必须实现的。

（1）深入洞察市场。企业必须深入了解市场，包括用户需求、竞争格局和新兴趋势，这将有助于企业确定潜在的机会和挑战，为新商业模式的开发提供基础。

（2）创造独特的价值主张。新商业模式的核心是独特的价值主张，企业应该思考如何提供与竞争对手不同的价值，吸引用户并建立忠诚度。

（3）创新资源配置。企业需要重新配置资源，如技术人员、资金和合作伙伴等，以支持新的市场定位。

（4）强调可持续性。企业应该考虑新模式的可持续性，以确保它能够在不断变化的市场中持续增长。

（5）勇于冒险。反定位是一项冒险的活动，但做好了有可能会带来高回报。因此企业需要有决心和勇气去摆脱传统观念的束缚，追求更优秀的商业模式。

用更优秀的商业模式进行反定位是一个有挑战性但具有巨大潜力的策略。企业可以重新定义自己在市场中的角色，并实现持续增长和打造竞争优势。在不断变化的商业环境中，反定位可能是企业取得成功的关键因素之一。

理想的竞争定位

理想的竞争定位可以被视为在特定的市场环境中最适合、最具竞争力的定位，能够让企业获得最佳结果。这一理想的竞争定位可能会因行业和企业特征而异，但它具有以下特征。

（1）可持续性。理想的竞争定位不是暂时的，它还能够促使企业在长时间内维持竞争优势，使企业不易被竞争对手模仿或击败。

（2）适应性。理想的竞争定位应该具有适应性，能够适应市场变化和客户需求的变化，而不需要频繁地调整。

（3）用户导向。理想的竞争定位必须以用户为中心，能够提供用户真正需要的价值，并与用户建立持久的关系。

（4）盈利能力。理想的竞争定位应该能够创造良好的盈利能力，不仅能够维持企业的运营，还能够为未来的投资和增长提供资金支持。

（5）市场领导。理想的竞争定位通常将企业定位为市场领导者，而不是追随者。很多世界级企业从诞生的那一天起，无论自身多么虚弱，企业的战略定位都不落下风。

任何行业理想的竞争定位只有一个，最多两个，前两家"大户"可以占据掉绝大部分市场份额，剩下的"散户"因为得不到什么营养，只能徘徊在生死边缘。这告诫企业，在制订战略计划时，应遵循"立足最小的，争取最大的"的原则,即不能只关注当下自己的"小",还要多关注通过竞争逐渐变"大"的一方面。具体做法建议参考"战略选择矩阵"。

战略选择矩阵是一种指导战略选择的模型,结合企业自身的优劣势和内外部资源运用情况,回答企业适合用哪种战略。在战略选择矩阵中,不同象限的企业会作出不同的战略选择(见图2-3)。

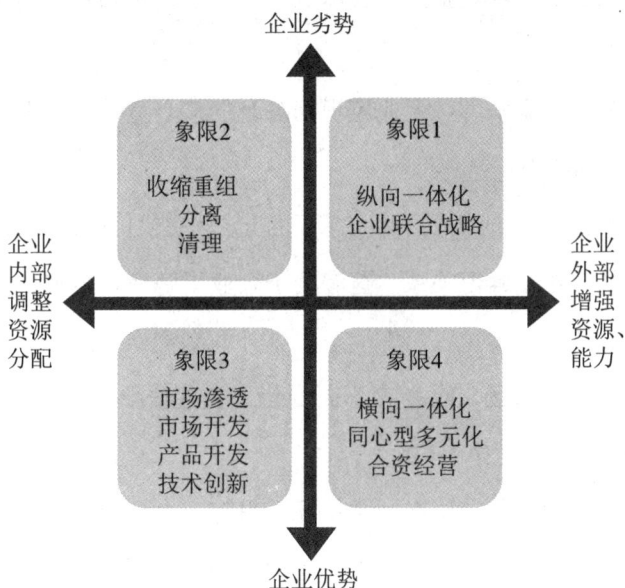

图2-3 战略选择矩阵

象限1中的企业考虑到自身当前全力经营的业务增长机会有限或风险太大,可能采用纵向一体化战略,减少原材料供应向产品下游延伸的不确定性带来的风险,或者采用企业联合战略,在获得盈利的同时减少管理部门对其原有经营业务的注意力。

象限2中的企业通常会采取较为保守的克服企业劣势的办法,如实施收缩重组,将资源集中于有竞争优势的业务。

象限3中的企业自身具有优势。当企业产品的市场占有率要求企业扩大生产实现规模经济,而且企业认为能从内部增加投入的资源达到此目的时，可从市场渗透、市场开发、产品开发和技术创新四种战略中进行选择。

象限 4 中的企业同样具有优势。企业可以通过横向一体化或同心型多元化经营或合资经营的方式向外部积极扩大势力范围，进一步增强优势。

企业若想实现理想的竞争定位，需要从战略计划的制订、实施和调整中不断努力。以下是一些关键点：

（1）深入了解市场。企业需要深入了解市场，包括用户需求、竞争对手、趋势和机会。

（2）确定核心竞争力。企业应识别自身的核心竞争力，即能够为用户提供独特价值的能力。

（3）不断创新。企业需要不断寻求新的方法来提供价值，以保持竞争力。

（4）与用户建立紧密关系。这有助于企业了解客户需求，并根据这些需求调整竞争定位。

（5）持续监测市场。市场在不断变化，企业需要持续监测市场动态，在必要时调整和优化竞争定位。

总之，理想的竞争定位在通常情况下只有一个，但它不是静态的，而是需要不断调整和适应市场变化的。企业必须结合自身的实际情况，制定出最佳的战略方针，以更好地实现理想的竞争定位，在市场中获得成功。

用户利益就是企业利益

企业搏击于商海中，成功的关键在于其战略计划的制订和实施能力。然而，有一个基本的原则经常被忽视，那就是"用户利益就是企业利益"。将用户利益置于企业的核心地位，对企业的长期发展至关重要。

　　用户利益是企业成功的关键。企业在制订战略计划时，要围绕用户利益进行。如果企业的战略不能满足用户的需求和期望，将导致企业战略失败，阻碍企业发展壮大。总的来说，可以从三个方面来简述用户对于企业的重要性：

　　首先，用户是企业收入的源泉。用户不仅是企业的消费者，还是企业的生存之本。用户购买产品和服务，为企业创造收入。没有用户，企业就没有收入，也将无法维持运营。

　　其次，用户是市场的"晴雨表"。用户的需求和反馈反映了市场的动态，通过仔细倾听用户的声音，企业可以更好地了解市场趋势，调整战略，迅速适应变化。

　　最后，用户是口碑的传播者。满意的用户会成为企业的忠实拥护者，积极为企业进行口碑传播。这种口碑传播有助于吸引新用户和留存现有用户，扩大企业市场份额。

　　因此，企业必须重视用户利益。满足用户需求和为用户提供价值是企业维持良好的业务增长和长期成功的关键。通过关注用户利益，企业可以建立信任、保持忠诚度，并实现可持续增长。

　　企业应该将用户的利益置于首要位置，以确保可持续的商业成功。任正非说："客户的利益就是我们的利益。我们从产品设计开始，就考虑到将来产品的无代演进。别的公司追求产品的性能价格比，我们追求产品的终身效能费用比。为了达到这个目标，我们宁肯在产品研制阶段多增加一些投入 。只有帮助客户实现他的利益，只有他们有利益，在利益链条上才有我们的位置。"华为的研发支出完美体现了任正非对研发创新的重视，华为每年的研发支出占比超过营收的10%。

　　用户利益与企业利益之间呈现辩证的关系，企业不断满足用户的需求，才能获得更多的利润和市场份额；用户利益体现了企业利益，用户的利益多了，企业的利益就多，用户的利益少了，企业的利益就少（见图2-4）。

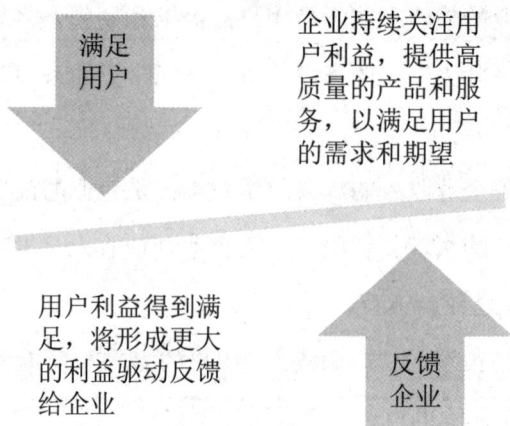

满足
用户

企业持续关注用
户利益，提供高
质量的产品和服
务，以满足用户
的需求和期望

用户利益得到满
足，将形成更大
的利益驱动反馈
给企业

反馈
企业

图2-4　用户利益与企业利益之间的关系

　　企业战略计划的制订需要定义清晰的愿景和使命，这些直接关联到满足用户需求和创造价值。同时，了解用户的需求和偏好，通过市场研究和用户调查获取相关信息，可以帮助企业了解市场趋势和竞争环境。用户利益必须在战略中占据核心地位。战略目标和行动计划应该直接服务于用户的需求，并提供有价值的解决方案。那么，用户利益与企业战略实施应该形成怎样的关系呢？下面给出三点建议：

　　（1）建立良好的用户关系。企业通过提供卓越的用户服务和持续的沟通，增强用户忠诚度。

　　（2）持续改进。战略计划实施后，企业应不断监测和评估其绩效。用户的反馈和数据分析可以揭示潜在的改进点，帮助企业保持竞争力。

　　（3）适应市场变化。市场是不断变化的，企业必须随之调整战略，而用户利益是企业灵活调整战略计划的关键驱动因素。

　　用户利益就是企业利益的核心原则在战略计划制订和实施中具有至关重要的地位。将用户利益放在企业发展的核心位置，满足用户的需求和期望，不仅有助于增加企业的收入和市场份额，还有助于企业建立强大的品牌声誉。因此，企业管理者应该始终牢记这一原则，将其纳入战略决策的每个层面，以确保企业经营的长期成功和可持续性增长。

实实在在的企业才能走得远

实实在在的努力对于个人而言至关重要，对于企业来说也是如此。从当初籍籍无名的地方小企业，到成长为全球知名的超级大企业，华为用了20多年的时间。其中仅国际化之路这一步，华为就走了近15年。那么其间有没有出现过可以走捷径的机会？有很多，但华为都没有走，而是选择踏踏实实地走好每一步。对于舍近求远的执念，任正非有着非常清醒的认识，他总是说："华为的道路还长远得很，真正的对手还在蛰伏待机，这将是一场没有尽头的竞争。"对手或在暗处伺机而动，或在明处张牙舞爪，他们的目的只有一个，就是时刻想在华为身上觅得破绽，然后顺着缝隙渗透，给华为致命的一击。在这种情况下，如果华为走了捷径，则意味着其在不断发展的过程中留下漏洞来不及修补或者根本就不知道有漏洞，而这些漏洞都是对手的契机，说不定哪一个漏洞就为对手提供了绝佳机会，将华为逼入死局。

可以说，华为的发展进程与华为实实在在求发展的战略密不可分，与华为人踏踏实实加油干的作风密不可分。

华为成立之初，根本没有多余的资源可以利用，连一间像样的办公室都没有，华为人的办公区同时也是生活区。华为人能做的只有通过艰苦奋斗来改变现状，由于交货期紧张，很多人一连在楼里工作几个月都不出去。即便如此艰苦，任正非也要求全体华为人必须保持实实在在的作风，不能因为资源不足，就在产品中动手脚；不能因为价格偏低，就让用户感到不满意；不能因为有空子可钻，就在一些事情上放低要求。任正非要求，华为的成功必须是以实实在在发展的战略为基准的，必须是以踏实肯干的精神为主轴的。通过实实在在的努力点燃智慧的火把，点亮成功的灯塔。

对于任正非的要求，我们必须拍手鼓掌，能在极其艰苦的条件下仍然不忘初心，仍能保持实实在在行事作风的企业，一定是强悍的，即便当时看起来有些弱小，却掩盖不住内在的坚韧。在任何情况下都能保持实实在在行事作风的企业，总能通过努力进取逐渐弥补各方面的缺陷，让成功可望又可即。

任正非在《活下去是企业的硬道理》一文中这样说："一个人再没本事也可以活 60 岁，但企业如果没能力，可能连 6 天也活不下去。如果一个企业的发展能够顺应自然法则和社会法则，其生命可以达到 600 岁，甚至更长时间。中国古人所讲的'道法自然'，讲的就是这个道理。我们现在讲的实事求是也是这个道理。企业的经营管理必须求'法'（遵循自然法则和社会法则），必须不断地求'是'（规律）。"

现在的华为活得又好又壮，但任正非始终如履薄冰，从不敢放松对自己和企业的要求，始终保持对"活下来是真正的出路"这一认识的坚持。

在对企业生与死的终极思考上，任正非从不敢有一丝一毫的松懈，在关乎企业生死的实实在在求发展的战略上也不敢有一丝一毫的放松。因为现实就是这样的，每一天都会有曾经优秀但如今不再优秀的企业倒下去，也有新锐企业凭借自己的踏实努力脱颖而出。

那些经历了残酷市场竞争洗礼的企业，在做大做强后看似很难被对手超越，但更容易毁在自己的手里。因为优秀而死亡的故事同样在世界的各个角落上演着。因此，企业必须清晰地认识到这一点，所有的竞争都不仅是战胜对手的竞争，也不仅是打败对手的过程，而是企业为了生存与自己展开的竞争。而企业与自己竞争的最大变数就在于，能否保持实实在在的发展战略。

企业在发展的过程中，要将"实实在在"刻入其战略的 DNA 中。无论企业在发展过程中走错了哪一步，只要实实在在做事的本色不丢，就随时有能力从濒临失败的泥淖中走出来。

创业难，守业难，但知难也不难。在瞬息万变的信息社会，企业唯有保持实实在在的行事风格，才能求得发展的真经。

第三章　战略配称：企业经营活动必须与战略匹配

一个成功的企业战略是指明了企业的长期目标和愿景，然后去实现它们。财务管理、对产品进行定价、对市场变化快速作出反应等企业经营活动是实现企业目标和愿景的手段之一，因此，企业的经营活动必须与战略保持一致，以确保企业有效地实现其长期目标，提高竞争力，并在不断变化的市场中朝着正确的方向前进。

通过财务管理实现投入最优化

财务管理在企业战略中扮演着关键的角色，它不仅关系到企业的财务健康，还与战略计划的制订和执行息息相关。在追求长期成功和竞争优势的道路上，企业必须通过财务管理来实现投入的最优化。

如今，企业的财务管理已经从会计和报表的管理演变为了企业决策的重要支持系统。在战略决策层面，财务管理发挥着使投入最优化的作用，具体表现在以下两个方面。

（1）资本分配的最优化。企业的战略决策通常涉及资本的分配，包括投资项目的选择和融资策略的制定。财务管理可以帮助企业确定哪些投资项目最符合战略目标，以及如何获得最佳融资条件，确保投资和资金使用的最优化，支持战略的实施。

（2）资源配置的最优化。财务管理帮助企业制定预算，并确保其与战略目标一致。通过将资源分配到关键领域，企业可以实现资源的最优化配置，同时，财务预算也为战略成功提供了可供度量的工具，帮助企业监督进展并进行必要的调整。

可见，财务管理作为企业管理的重要一环，对于实现投入最优化、提高企业经济效益具有举足轻重的作用。

通过财务管理实现投入的最优化，不是一项简单的工作，需要从企业经营的各个方面同时切入。为了简化这个庞大的过程，建议使用"杜邦系统"。

杜邦系统，也称为"杜邦财务分析体系"，是利用各个主要财务比率之间的内在联系，建立财务比例分析的综合模型，进而来分析和评价企业财务状况的工具。

根据该体系，企业要实现投入的最优化，就要尽量增加利润总额，减少资产占用水平。

增加利润总额，提高销售利润率的途径是，在一定销售收入的前提下，减少成本与费用。因此，必须控制直接材料、直接人工和制造费用的支出，这些成本与费用可以通过对相关部门的考核加以控制。

减少资产占用水平，可以通过控制投资、优化资产结构、充分利用资产、防止闲置浪费、剔除不合理占用等途径去实现。减少资产占用着重于对长期资产和流动资产的控制，而长期资产主要是控制固定资产的占用；流动资产主要是控制存货的占用和加速应收账款的回收，合理利用货币资产。

总之，杜邦系统直观地反映出了企业的财务状况，只要协调好系统中每个因素之间的关系，并结合绩效评估与改进，依靠数据决策，加强风险管理，就能使投入达到最优化。

　　除此之外，企业要想实现投入的最优化，还需要考虑长期规划。企业应该制订战略计划，明确长期目标，并确定实现这些目标所需的资源和投资，以帮助企业避免短期盈利的决策，专注于长期战略的成功。

　　综上，财务管理在企业战略中具有关键性的地位，它不仅有助于确保资源的最优化利用，还支持战略的执行和风险管理。当然，财务管理不仅是财务部门的责任，而应贯穿于整个组织，成为每个决策者的责任，共同确保战略与实际操作相一致，为企业的长期成功提供支持。

精准定价，把握利润的合理尺度

　　定价，永远是企业战略计划制订过程中的敏感地带。用简单的思维考量，定价低了，市场竞争力会短期提升，但对于企业长期发展没有好处，尤其是若陷入价格战，企业的短期利益也将遭受损失；定价高了，市场竞争力必然下降，对用户的吸引力也会降低，用户的购买率、复购率和忠诚度都将随之降低，无论是对于企业的长远发展还是短期发展，都没有益处。因此，精准定价是企业战略成功的重要因素之一，也是极其不易掌握的难点之一。

　　本小节将探讨如何结合企业战略来制定精准的定价策略，以实现利润的最大化。在这个过程中，我们还将深入研究定价策略与市场定位、成本管理以及竞争策略之间的密切关系。

　　企业战略的核心之一是明确定位，于定价而言，就是企业需要清楚地了解自己在市场中的地位，及其产品或服务在消费者心目中的价值。不同的市场定位需要不同的定价策略。例如，高端市场定位可能需要高价策略，而大众市场则可能需要更具竞争力的价格。

例如，华为的成功离不开其正确的定价策略。华为并未始终以低价战略与外企较量，而是根据华为的实际情况和具体定位，将产品价格定在了一个合理的区位，保证了利润的合理尺度。

时至今日，华为的定价策略都有着非常严格的标准。一件产品的定价不只关系到销量，还和维护用户关系密切相关。在华为内部有一句名言："一切客户关系都起源于人际关系，但高层次的客户关系，却是一种市场关系。"

在具体对一件产品进行定价时，企业必须从多个方面进行考虑，其中成本管理和竞争策略是企业定价的核心考虑因素。

企业需要明确管理成本，确保定价策略与实际成本相符。如果企业的管理成本比竞争对手的高，那么其定价也会比竞争对手的高出很多，这将导致企业市场份额的流失。反之，如果成本低于竞争对手，那么企业就可以考虑采用价格领先策略，来吸引更多用户。

在对产品进行定价时，竞争对手的定价策略和市场地位需要考虑在内。如果企业处于市场领先地位，则可以采用市场导向的定价策略，来尽可能地提高价格，增加利润。相反，如果企业正在追赶竞争对手，则需要通过合理的定价策略来争夺市场份额，即使这可能会降低利润率。

华为制定了针对高、中、低档市场的定价策略。在高端市场，华为采取品牌导向的认知价值定价法，是源于用户对华为产品与品牌的较高认知度。在中、低端市场，华为采取竞争定价法，把自己与竞争对手性能相似的产品价格相应降低，以此刺激消费者优先购买。

精准定价不是一次性的决策，需要不断进行管理和做出调整。企业需要密切关注市场动态、竞争对手的举措以及用户反馈，做到根据情况进行调整。制定精准定价策略的步骤如图 3-1 所示。

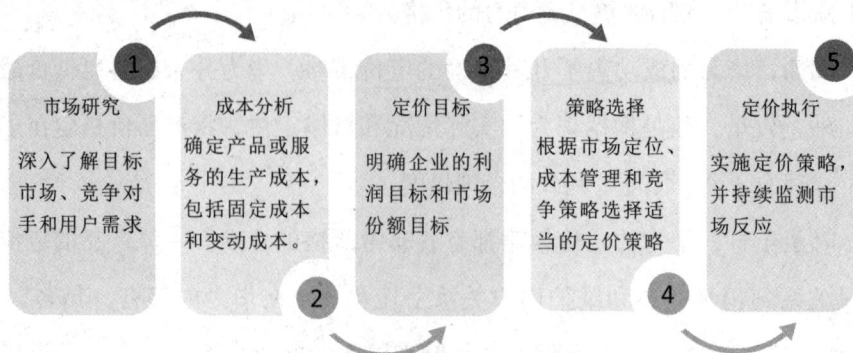

图3-1　制定精准定价策略的步骤

　　精准定价是企业战略的关键组成部分，直接影响到企业的利润。通过深入了解市场定位、成本管理和竞争策略，企业可以制定更为精准的定价策略，实现长期盈利的目的。然而，精准定价并不是一成不变的，需要根据市场情况进行灵活调整，以保持竞争力和可持续的利润增长。

对竞争和市场变化做出灵活快速的反应

　　竞争和市场变化是商业世界的常态，竞争对手会不断推出新产品或服务，市场趋势会随着技术、消费习惯和全球事件等而迅速改变。企业如果无法适应这些变化，就有可能被淘汰或落后于竞争对手，这样的现实要求企业必须具备对竞争和市场变化做出灵活快速反应的能力。这种灵活性不仅是生存的关键，还是实现持续增长和成功的关键。

　　竞争和市场变化对企业来说不仅是威胁，还包含了新的机遇。灵活性使企业能够迅速抓住这些机遇。例如，谷歌在移动互联网崛起时迅速推出了Android操作系统，从而占据了智能手机市场的一席之地。

有时企业的战略决策会出现失误，而灵活性则让企业能够迅速识别并纠正这些错误，以减少潜在的损失。网飞（Netflix）曾试图将其DVD租赁服务与流媒体分开，但由于用户抵制而不得不迅速撤回该决策。

客户需求是不断变化的。通过灵活性，企业可以更好地了解客户需求，并快速调整产品或服务以满足这些需求。苹果的成功就部分归功于其不断改进的iPhone系列，以满足市场和用户的需求。

企业在经营过程中，这种灵活快速反应与市场情报、创新与研发、团队实力以及流程和决策机制相关。

（1）敏感的市场情报。要做出灵活快速的反应，企业需要准确的市场情报，包括对竞争对手、用户、供应链和宏观经济趋势的敏锐感知度。例如亚马逊通过大数据分析实时监测市场需求，以便及时做出调整。

（2）创新与研发。投资于创新与研发可以使企业更有竞争力，包括不断改进现有产品或服务，以及开发新的解决方案。例如特斯拉（Tesla）通过不断创新电动汽车技术，领先了电动汽车市场。

（3）强大的团队。团队必须具备多样性、创造性和适应性，能够应对不断变化的挑战。美国太空探索技术公司（SpaceX）的成功在于其团队的协作和勇于挑战传统文化的精神，来实现火箭科技的突破。

（4）有弹性的流程和决策机制。有弹性的流程和决策机制可以帮助企业更快地做出决策和对执行做出调整。波音公司在开发737 MAX飞机时的创新流程使其能够迅速做出调整，来满足监管要求。

亚马逊的成功不仅来自其创始人杰·贝索斯的愿景，还在于其能够对竞争和市场变化做出灵活快速的反应。下面通过几个具体场景来展现亚马逊应对竞争和市场变化的灵活性。

1. 移动互联网革命

21世纪初，移动互联网开始崭露头角，改变了消费者的购物习惯。这种变化对亚马逊构成了挑战，因为传统的电脑网站无法充分满足移动设备用户的需求。亚马逊迅速认识到了这种变化带来的挑战，灵活迅速地做出反应，采取了合适的应对策略，使企业完成从电脑端向移动端的转型。

2. Kindle 电子书阅读器

亚马逊推出了 Kindle 电子书阅读器，以满足数字内容消费新需求。Kindle 迅速获得成功，不仅让亚马逊成为数字阅读领域的领导者之一，还为亚马逊提供了一个全新的收入来源。

3. Prime 会员计划

亚马逊推出的 Prime 会员计划，为会员提供快速免费配送和独家优惠活动。该计划不仅增加了用户忠诚度，还促使更多人在亚马逊平台上购物，帮助亚马逊在电子商务领域继续保持领先地位。

4. 云计算服务 AWS

亚马逊通过 AWS（Amazon Web Services）推出了云计算服务。这一革命性的产品让亚马逊迅速获得了大量用户，包括初创企业和大型企业。这个产品的推出使亚马逊成为云计算领域的领导者，为公司带来了持续稳定的高利润。

5. 收购 Whole Foods Market

亚马逊还在零售领域采取了大胆的行动，收购了全食超市（Whole Foods Market）。这一收购扩大了亚马逊在食品零售业务中的经营范围，并为其提供了一个实体零售渠道，来满足消费者对线上线下购物的不同需求。

通过不断创新、推出新产品、扩展服务和实施收购战略，亚马逊成功地适应了不断变化的商业环境，并保持了领先地位。

总而言之，对竞争和市场变化做出灵活快速的反应是企业成功的关键。企业应积极迎接挑战，把变化视为机遇，并通过提高灵活性来保持竞争力，以在不断变化的商业环境中脱颖而出，实现经营的不断增长和持续成功。

在所有运营活动中进行对标，以获得最佳实践

企业在经营过程中，须不断寻求提高效率和效益的方法，以保持竞争力并实现可持续增长。为了达到这一目标，许多企业采取了一种积极主动的措施，即在所有运营活动中进行对标，以获得最佳实践。

对标可以分为广义和狭义两种。广义对标是将企业自身与同行业或领域内其他成功企业进行比较的方法；狭义对标是指通过在企业内部设立标杆，以实现内部良性竞争的方法。无论是广义对标还是狭义对标，都可以称为"标杆管理"。标杆管理不仅包括产品和服务质量的对标，还包括各种运营指标，如成本、效率、用户满意度和市场份额的对标。标杆管理的主要目的是识别和采纳最佳实践，从而改善企业的运营活动。

企业在找到正确的对标目标进行学习后，会重新思考和改进经营实践，来创造自己的最佳实践。标杆管理之所以能受到各大企业的重视，根本原因在于它能给企业带来巨大的实际意义。

（1）提高效率和效益。通过与最佳实践进行比较，企业可以发现潜在的改进点，以提高效率、降低成本并提升质量，从而增强企业的盈利能力。

（2）保持竞争力。对标可以帮助企业及时调整战略，适应市场变化，以确保不被竞争对手甩在后面。

（3）提高用户满意度。通过学习最佳实践，企业可以提供更高质量的产品和服务满足用户需求，提高用户满意度。

（4）促进创新。对标可以激发出企业内部的创新热情，增强员工创造

力，从而更好地处理问题和应对挑战。

标杆管理的实质是企业在明确产品、服务和流程方面的最高标准后，通过做必要的改进来达到这些标准。标杆管理按照对标的内外部标杆和对标的不同方向，可以分为四类（见表3-1）。

表3-1　四类标杆管理

类别	说明	执行方式	不足之处
内部标杆管理	以企业内部操作为基准的标杆管理	辨识企业内部最佳项目流程、组织与实践，然后推广到企业的其他部门	单独执行内部标杆管理的企业容易产生封闭思维，因此应与其他形式的标杆管理结合使用
竞争标杆管理	以竞争对象为基准的标杆管理	与有着相同市场的企业在产品、服务和工作流程等方面进行比较，直接面对竞争者	实施较困难，毕竟只有公共领域的信息容易获取，其他关于竞争企业的信息不易获得
项目标杆管理	以行业领先者和某些企业的优秀项目操作为基准的标杆管理	因标杆的基准是外部的非竞争企业及其职能或业务实践，因而合作者常能共享一些技术和市场信息	费用高，且需要相关企业同频，因而难以安排
流程标杆管理	以最佳工作流程为基准的标杆管理	是整体性流程工作，而不是某项业务与操作的职能或实践，可以跨不同类组织进行	要求企业对整个工作流程和操作有很详细的了解，因而很难进行

虽然在企业运营过程中实施对标会有一些不足之处，但其仍不失为提升企业战略执行力和运营效率的好方法。许多企业通过进行对标运营，获得了非常有益的经营效果。例如，沃尔玛（Walmart）一直致力于提高供应链效率，通过对标物流和库存管理的最佳实践，成功降低了库存成本，并确保了产品的及时供应；又如，麦当劳不仅在食品质量上进行对标，还在员工培训和服务速度方面进行了比较，帮助企业提供高质量的食品和服务，确保了品牌的可靠性；再如，谷歌通过对标最佳的创新和研发实践，推动

了技术的不断创新，同时开放性和创新性文化也鼓励员工提出新想法，不断改进产品的外观和质量。

可见，基于对比、学习和超越情形下诞生的对标模式，对于企业局部和整体业绩的改善、缩短与优势企业的差距或超过优势企业，起到了非常重要的作用。那么，企业应该如何通过实施优秀的对标来提升自身能力，以获得最佳实践呢？实施对标需要一系列明确的步骤，以确保其有效性和可持续性（见图3-2）。

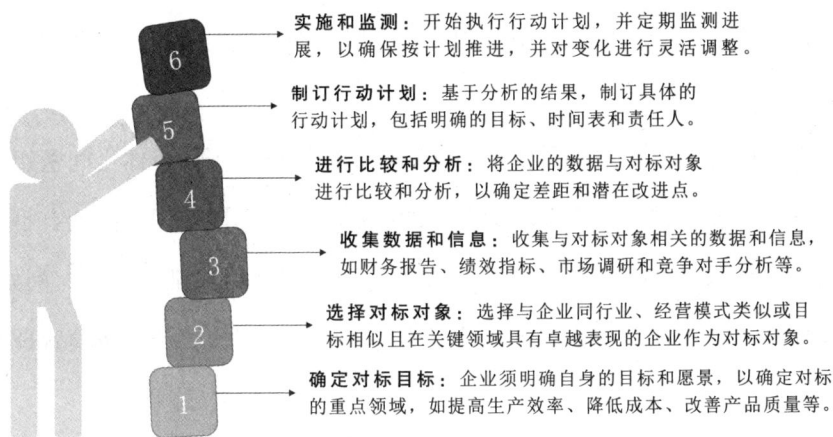

实施和监测： 开始执行行动计划，并定期监测进展，以确保按计划推进，并对变化进行灵活调整。

制订行动计划： 基于分析的结果，制订具体的行动计划，包括明确的目标、时间表和责任人。

进行比较和分析： 将企业的数据与对标对象进行比较和分析，以确定差距和潜在改进点。

收集数据和信息： 收集与对标对象相关的数据和信息，如财务报告、绩效指标、市场调研和竞争对手分析等。

选择对标对象： 选择与企业同行业、经营模式类似或目标相似且在关键领域具有卓越表现的企业作为对标对象。

确定对标目标： 企业须明确自身的目标和愿景，以确定对标的重点领域，如提高生产效率、降低成本、改善产品质量等。

图3-2　实施对标的步骤

总之，在所有运营活动中进行对标，以获得最佳实践，是提高企业绩效和竞争力的关键策略。通过对标，企业可以不断学习、改进和创新，以适应不断变化的商业环境。然而，对标不是一次性的工作，它需要持续的投入和实践，以确保企业保持竞争优势。只有那些积极追求卓越的企业，才能在市场上脱颖而出，实现长期的成功和可持续增长。

对企业内部协作与管控的限制

在现代商业环境中，内部协作与管控是保持企业运营高效和有序的关键要素，但是，它们也会受到各种限制和遭遇各种挑战。本小节就介绍企业内部协作和管控所面临的限制和挑战，以及如何应对以提高企业的整体绩效。

企业内部的协作通常需要不同部门、不同团队和不同个体之间密切合作。然而，文化差异可能会成为协作的限制因素。不同部门可能拥有不同的文化、价值观和工作作风，这将导致沟通障碍和协作难的问题。例如，技术团队可能更注重创新和灵活性，而财务团队则可能更注重风险管理和成本控制。

网飞的企业文化核心是"人才重于流程，创新高于效率，自由多于管控"，更好地体现了其内部协作与管控。重视人才是为了让协作更有执行力，重视创新是为了让协作更有适应性，重视自由是为了让协作更有延展性。但人才、创新和自由并非无限度的，需要结合企业内部的组织结构加以限制。

在传统的组织结构中，决策和信息流通常是自上而下的，会导致底层员工的意见被忽视，从而限制了创新和主动性。此外，烦琐的层级结构可能会增加决策的时间和复杂性，降低协作的效率。

虽然技术可以促进协作，但也可能成为限制因素。老旧的信息技术基础设施可能会限制数据共享和远程协作的能力。此外，企业可能会受到网络安全和隐私问题的困扰，从而限制与外部合作伙伴的数据共享。

员工会对新的协作工具和方法感到不适应。如果他们没有进行正规的培训和获得充分的支持，在使用协作工具或运用协作方法时可能会出现抵触情绪或使用效率低下等问题，从而让协作的潜力受到限制。

企业通常根据个人绩效来评估员工，并据此奖励个体成就。这种激励措施如果实施时不够严谨或缺乏必要的条件设定，将导致员工更关注个人目标，而不是团队协作与合作。如果绩效评估不适当，可能会限制团队协作的积极性。

通过上述讨论可知，企业内部的协作和管控虽然对企业的经营发展有极强的助力作用，但也会面临很多限制。企业不能因为这些限制就将企业的协作与管控简略处理，甚至直接省略掉，而是要积极采取一些有效的策略来克服这些挑战。对此，我们给出以下七项建议，供企业根据实际情况酌情参考，并做出适当调整。

（1）建立开放的文化。企业可以通过建立开放、创新和包容的文化来减少文化差异的影响。企业可以鼓励员工分享观点、提出建议，并欢迎多元化的意见和工作风格。

（2）重新思考组织结构。企业可以考虑通过重新设计组织结构来提高企业内部的灵活性，提升其协作意识和水平。采用扁平化的管理结构和组建跨职能团队，可以减少层级，促进信息流通。

（3）加强信息技术基础设施建设。更新和改进信息技术基础设施，以便更好地支持协作和远程工作，确保技术能够安全地支持数据共享和协作工具的使用。

（4）有效管理。管理层应该平衡工作压力，鼓励合理的决策时间，并提供充分的支持和资源。同时，鼓励团队领导者注重团队协作和员工参与。

（5）提供培训和支持。为员工提供培训和支持，帮助他们适应新的协作工具和方法，确保员工了解如何有效地运用这些工具和方法。

（6）重新考虑绩效评估。用新的眼光审视绩效评估方法，以确保它们不会阻碍团队协作。考虑将团队目标和合作能力纳入绩效评估。

（7）合规性管理。在合规性要求下工作，但也可以寻找创新方法实现数据共享和协作。

企业内部协作与管控是维持组织高效运营的关键因素。然而，各种限制和挑战可能会妨碍协作的顺利进行，企业必须采取积极且有效的措施应对这些限制，并在此过程中进一步提高企业的协作与管控效率。

中篇

组织效率

组织效率最大化的关键在于持续的快速响应

在当今不断变化的商业环境中，组织面临着前所未有的挑战。传统组织的主要目标是优化成本效益，实现更高的利润和效率。然而，随着全球化的深入、各类信息技术的不断进步，以及市场动态的不断演变，这一观念已经不再适用。现代组织必须更加灵活、更具适应性，以便在不断变化的环境中生存和茁壮成长。因此，我们认为，组织效率最大化的关键在于持续的快速响应，而并非仅仅压缩成本和提高利润。

现代市场的复杂多变要求组织必须能够做到迅速调整策略和业务模型，筑牢快速响应的底层基础。技术的快速发展、消费者需求的变化以及全球经济的波动都可能对组织产生重大影响。因此，组织应该更多地关注如何不断地适应和创新，以保持竞争优势。

现代消费者对产品和服务的需求日益多样化，而不再仅仅追求价格的最低化。因此，组织需要不断创新，以满足不同用户群体的需求。而能够持续地快速响应外部变化的组织更容易适应这种多样性，因为它们更愿意投资于新的产品和服务，以满足不同用户的期望。

现代消费者更愿意关注和支持那些具有可持续性和社会责任感、能够给社会和环境带来积极影响的组织，包括减少企业对环境的负面影响、提供公平和可持续的工作环境，以及积极参与社会问题的讨论和治理等。而能够持续地快速响应的组织更有可能采取可持续的做法和承担起应尽的社会责任，来满足消费者的这些新需求。

因此，我们强调组织的主要目的应该是持续的快速响应，以适应现代商业环境的多元化需求。

第四章　耗散结构：站在更高的台阶上看组织

组织中的耗散结构是用来描述开放系统在不断吸收能量和物质的过程中如何通过自组织形成来维持稳定和适应性。

"站在更高的台阶上看组织"，是一种将组织耗散结构概念与管理、领导力或系统思维相结合的视角。在这个视角下，组织被看作是复杂的开放系统，不断吸收和释放信息、能量和资源。站在更高的台阶上，管理者便可以用更广泛、更具战略性的眼光来审视组织，并引导组织朝着可持续和创新的方向发展。

组织中不再有明确的"杠杆"

如果企业内部存在着眼高手低、高谈阔论、光说不练等人浮于事的行为作风，简单高效、踏实肯干、注重结果的好风气少，企业就不能只盯着具体的某个人或某件事去做改变，而是要从组织中找问题的根本原因，然后运用系统的方法和策略进行调整和改进，以达到彻底改变的目的。

为什么出现损耗后，管理者通常想不到要从组织中找原因呢？因为人们总是习惯以条件变化来为低效率开脱。例如，企业不可避免地要受市场大环境的影响，组织的行动也会受到内外部各种因素的干扰；又如，企业内部进行职能调整后必然会对员工造成影响，员工的工作效率将下降；再如，竞争对手的猛烈打压让企业疲于应付，势必会有一些不得已的牺牲……因此，管理者认为内外部环境的变化会影响组织效率，这是既定事实，只能接受。

以往企业中出现各类对组织效率产生影响的变化和事件后，管理者总是习惯运用企业中明确的"杠杆"去进行管理和调整，其中最常见的方法是通过裁员来应对内外部环境的变化，提升组织的盈利能力；或者通过轮岗的方式提升管理人员的管理能力，减轻内部职能调整对企业造成的影响；或者通过流程重组来应对竞争对手施加的压力，进一步提升企业的效率。

但是，现在这些管理中常用的明确的"杠杆"即简单的线性关系已经不起作用了。现实中有太多的实例都证明了这一点。例如，当企业在忙着裁员的时候，也许竞争对手已经通过新产品成功替代了市场上原有的龙头产品，掌握了市场的话语权；企业在提升管理者能力的时候，也许市场已经全面革新了，需要的是全面的技术迭代，而非单一的管理能力的提升。

之所以很多企业存在有明确"杠杆"的误区，原因是他们在管理中往往忽略了这样两个影响组织效率的关键要素：专业化能力和权责制度。而实现组织效率最大化的手段恰恰是专业化水平与权责制度的结合。

一方面，企业必须强化专业化能力，无论是各级管理者还是基层员工，都须具备与工作相匹配的专业能力，只有贡献了专业化的工作水平，才算真正胜任工作。同时，具备专业化能力有助于在企业经营大环境和具体工作小环境发生改变时更加从容地应对。而具体执行人应对得越从容，就代表企业在面对变化时越从容。

另一方面，需要明确的分责分权制度。只有权力分配明确、职责分工清晰，才能做到等级安排合理、组织结构有序，管理的效能也才能得到最大限度的发挥。而且权责结构清晰的企业是无惧任何内外部变化的，当变化到来时，所有人都能以各自的岗位职责和可能被赋予的新岗位的职责为依据，进行合理的岗位与职责的迁移。

因此，企业整体的专业化水平与权责制度的结合是组织效率最大化的来源。企业需要用专业化水平和权责制度的双重保险来抵御内外部的环境变化，并做出最合适的组织调整和强化。

量子思维下，新型组织的特征

量子思维是一种前所未有的革命思维，打破了牛顿力学的确定性、稳态化思维，承认世界的变化和不确定性为常态，用量子思维重新看待一切，尤其是未来，可以说，是站在未来看未来。

农业文明时期的经济和生产形式，遵循的是细胞思维，在封闭、静态的环境中运行；强调独立运行，没有职能概念。

工业文明时期的经济和经营形式，遵循的是原子思维，在独立、动态的环境中运行；强调分工、专业职能与职责划分，出现了边界意识、秩序意识、规则意识和人岗匹配意识。

产业互联网时期的经济和运营形式，遵循的是量子思维，在去中心、去边界、强连接、场景化和能量化的环境中运行；强调创造连接，尤其是深度连接，连接多，数据就多，进而形成能量。当能量越聚越多时，就可以产生聚变、裂变。

因此，产业互联网时代，技术就是市场，市场就是技术，技术和市场如同量子力学的二象性。产业互联网时代的企业一定是融合的、开放的、生态的、利他的、去中心化的，组织逻辑和运行机制也都发生了革命性的变化。中国提出的专精特新，就是赋予产业互联网时代的新内涵。

产业互联网时代的新型组织也可称为"量子组织"。下面我们从社会科学的角度，结合对管理实践的感悟，总结量子组织的七大特性（见图4-1）。

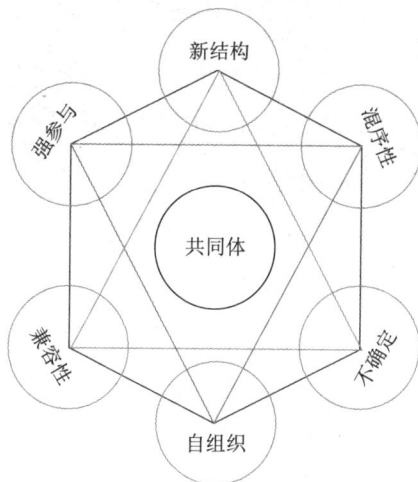

图4-1 量子组织的特性

1. 新结构

量子组织呈扁平化、网络化、去中心化和无边界化的结构特性。

（1）扁平化，是压缩和简化传统的金字塔式多层级结构，让组织决策者近距离接触一线、接触用户，实现信息的高效传递。

（2）网络化，是对内打破部门墙、层级墙，对外突破组织间壁垒，让每一个组织和组织中的每一个人都成为信息传递网络中的一个节点，实现组织内外主体之间的资源共享。

（3）去中心化，是组织中的任何单元和个人都可以成为中心，形成多个中心，且没有一个中心是固定和永久的，而是阶段性的，会随着任务和环境的变化而持续地变化和调整。

（4）无边界化，是通过边界的开放与可渗透，对内部资源进行整合，让组织可以展开深入和广泛的外部协同。

2. 混序性

量子是不确定的，有时候是粒，有时候是波，称作波粒二象性。过去的组织是有边界的、稳态的，有严格的等级秩序。未来的组织是各方面都融为一体的生态型组织，是混序的，有序之中无序，无序之中有序，可称为"混沌之中的有序"。

任正非说："我们总是在稳定与不稳定、在平衡与不平衡的时候，交替进行这种变革，从而使公司保持活力。"

当代的一些新兴的超级企业，没有经历过工业文明的淬炼，直接崛起于互联网时代和数字时代。如国内的字节跳动、国外的 SpaceX，给人的感觉是企业结构有些乱，但又不是真的乱，而是摒弃了人为的秩序，以自然的秩序代之。虽然打破了平衡，却充满了活力，真正实现了在自然秩序中获得运行效率的提升。

3. 不确定

量子世界的万事万物都是相互纠缠、相互关联的。量子组织可能没有最佳的解决方案，而是随着时间、随着情景的改变发生变化。

当前有一种说法，未来的企业全是跨界的。其实，未来的企业是守界与跨界同步进行的，在该有边界的地方比以前更有边界，在该跨界的地方则更跨界。

组织效率在企业中能够做到"毕其功于一役"；同样，组织效率在跨界中因为能够"多元协同、多维融合"而得到几何式增长。因此，当组织呈现量子状态后，以往在传统组织的运行中被视为缺陷的不确定性变成了优势，组织在不确定性中不断调整提升效率的方式。

4. 自组织

量子组织不是自上而下的管理，而是自下而上的涌动，它不是控制，而是自组织，具有生动的创造性。

从实际来看，量子组织扁平化、网络化、去中心化和无边界化的结构也决定了自组织的本质。个人和团队的工作不再是传统组织中基于明确分工体系而被固定的岗位，曾经必须重视的岗位效率也被拥有多种技能、多种身份的创新者和创新能力所取代。每个人都是价值的创造者，将效率的单一性抬升为价值创造的多元性。

现在的很多科技型互联网企业，如腾讯、百度、字节跳动等，其组织都呈现出了自组织特征，可以随时根据用户需求、实际任务和环境变迁自动形成业务团队，然后根据运行的具体情况而自演化、自进化，内生做大。

5. 兼容性

《基业长青》一书通过对18家卓越企业的研究得出结论：一家真正伟大的公司一定不会用非此即彼的二分法使自己变得残酷无情，而是会采用一种兼容并蓄的"融合法"，即同时拥抱若干矛盾和悖论，让表面冲突的力量在组织内部同时并存。

同理，量子组织不是非黑即白、非此即彼，而是多元化和融合性的，凡事都有多种解决方案。量子组织不要求有统一的标准，而是强调每个人都应找到匹配的解决问题的方式（见图4-2）。

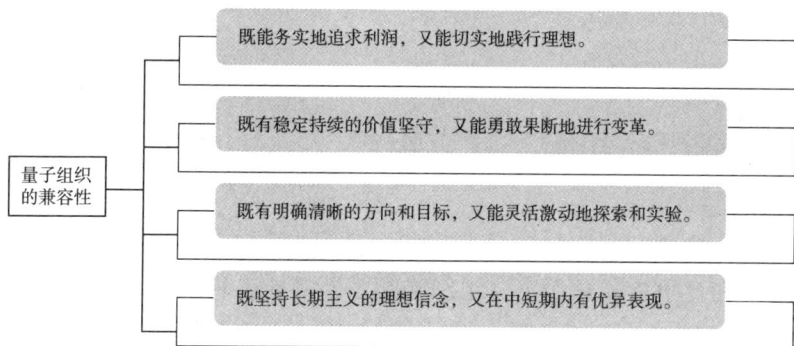

图4-2 量子组织的兼容性

如果一个企业能够将企业内外部的矛盾都整合利用起来，做到"鱼和熊掌兼得"，那么企业整体效率必将得到提高。

6. 强参与

量子组织既强调个体能力，又强调群体智慧，注重员工的独特性与独立性。每名员工都是组织价值的创造者，不仅对组织事务拥有执行权和监督权，还对组织拥有主导权，对组织发展和他人进步也负有责任。

近年来流行的"游戏化管理"的本质，就是通过在工作任务中设置清晰的目标、明确的规则和公平的机制，让员工从被动的执行者变为积极的参与者。当员工的参与意愿被调动起来，能力和水平被认可时，员工的工作热情就会被彻底点燃，其工作的能动性和效率也都会获得极大提升。

7. 共同体

共同体分为三个层级：最低层级是利益共同体，如今在大多数企业中运行，员工和组织相互配合，取得业绩，员工拿奖金，企业增业绩；中间层级是事业共同体，如今在少数企业中运行，员工和组织一起开创事业，组织和员工共担风险、共享收益；最高层级是命运共同体，如今只在极少数企业中运行，员工和组织基于共同的愿景和目标走到一起，共同投资、共享收益。很显然，员工会在命运共同体的企业中全力投入，与企业同进退。

围绕产品和服务建立组织

为了在竞争中脱颖而出，组织必须不断适应各种变化，来满足用户需求，并保持竞争力。围绕产品和服务建立组织是一种策略，可以帮助组织实现这一目标。

随着互联网、大数据、人工智能等技术的发展，企业可以更快速地获取并分析用户数据，更好地了解用户需求，更加灵活地响应市场变化，从而为用户提供更好的产品和服务。未来的组织必将升级为以用户为中心的端对端流程型组织，而且信息技术的发展使得企业能够实现跨部门、跨地域的协同工作，提高组织效率。

以用户为中心的端对端流程型组织对运营有三点有利的影响：①更好地协调各个部门的工作，提高企业对市场变化的响应速度；②更好地整合内外部资源，满足用户的个性化需求；③更好地将工作流程贯穿于组织和用户之间，消除部门之间的壁垒，提高组织效率。

当我们谈论围绕产品和服务建立组织时，实际上是在探讨如何构建一个有机、灵活和高效的组织结构，以满足市场需求和实现业务目标。

建立围绕产品和服务的组织结构意味着将组织的各个部门及其功能与特定产品或服务相关联，以便更好地协同合作和满足客户需求（见图4-3）。

图4-3　围绕产品和服务建立的组织结构的关键特征

（1）跨职能团队。不同部门的员工组成跨职能团队，专注于特定产品和服务，不仅能够确保产品和服务的全面性和质量，还有助于加强协作和沟通，促进知识共享和加速问题的解决。

（2）用户至上。组织的焦点从内部向外部转变，更加关注用户需求和体验；组织的目标和决策过程直接围绕满足客户需求和提供卓越服务而展开，用户的反馈和期望成为组织战略的关键指导因素。

（3）灵活性和敏捷性。组织通过快速调整来适应市场和用户需求的变化，表现在不仅能够推动产品和服务的创新，还能够快速调整战略、流程和资源来满足不断变化的环境。

（4）产品和服务集成。将产品和服务集成在一起，以达到产品和服务的协同性和互补性，从而为用户提供更全面的解决方案，满足用户的多样化需求。

（5）结果导向。强调结果和绩效的重要性。组织会定期评估产品和服务的效果，并根据数据和指标来指导决策，以达到持续改进产品和服务的质量与效率的目的。

拥有上述五项特征的围绕产品和服务建立的组织，具有应对快速变化的市场和不断演变的用户需求以及促进创新的作用。但这并不表示这种组织就是完美的，其仍然面临着以下几个挑战：

（1）管理的复杂性。管理多个产品和服务线可能会让组织变得复杂。

（2）资源分配变得困难。多个产品和服务线资源的分配变得困难且敏感，因此，必须谨慎分配资源，以确保不同产品线的平衡发展。

（3）组织文化发生改变。新的组织结构使得员工不得不放弃旧有的组织文化，接受新的组织文化，这对员工来说需要一段时间去适应。

围绕产品和服务建立的组织结构虽然面临以上挑战，但若能将其作用充分发挥出来，则挑战不仅能有效解决，还能让组织化被动为主动，变得更强大和更有效率。

通过以上介绍，我们已经了解了围绕产品和服务建立组织的重要性。那么，如何成功地建立围绕产品和服务的组织呢？具体步骤如图4-4所示。

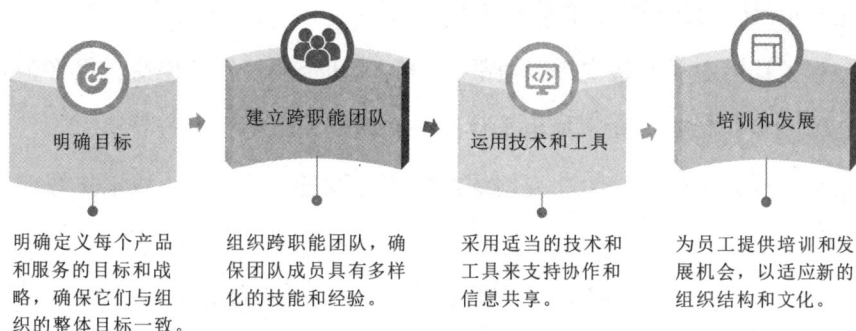

明确目标	建立跨职能团队	运用技术和工具	培训和发展
明确定义每个产品和服务的目标和战略，确保它们与组织的整体目标一致。	组织跨职能团队，确保团队成员具有多样化的技能和经验。	采用适当的技术和工具来支持协作和信息共享。	为员工提供培训和发展机会，以适应新的组织结构和文化。

图4-4　围绕产品和服务建立组织的步骤

围绕产品和服务建立组织是一个具有挑战性但有潜力的战略。通过明确目标、建立跨职能团队、运用技术和工具，以及培训和发展，迈向更灵活和用户导向的未来，使组织更好地适应市场需求和提高客户满意度。

组织能力建设的"真北之路"

面对数字化、智能化时代，企业的战略思路无论是主动还是被动，都会发生变化，如从连续性走向非连续性，平台化＋分布式成为基本思路，要么融入平台，要么自建平台，要么超越平台。

组织能力从封闭走向开放，从"关注内在"走向"内外并举"；组织能力跨界融合，既要有多种能力的综合，也要有自己的长板；依附于平台的个体，需同时具备复合能力和集成作战能力。

在今天互联网所引发的强调用户体验价值的市场环境中，大型制造企业想要满足用户的这种变化的需求是非常不易的，但也有典型的在这方面做得比较好的企业。例如，海尔，其从组织形式上做出创新，以"人单合一"的模式回应市场变化和用户需求，让一家大型传统制造企业拥有了个性化的定制能力，获得了业绩的增长。

为了让组织更好地支撑企业战略的实现和企业价值的创造，很多企业都在推动组织模式创新，如扁平化组织、敏捷型组织、无边界组织等，各种新组织模式层出不穷，使得组织的能力建设进一步增强，可以更好地适应新的形势。

虽然组织模式在不断创新，但组织能力建设仍然遵循三个方向：

一是改变组织结构。这指的是改变"权"和"责"。改变过去领导指挥员工的模式，变成以用户为中心，让前台拉动中台，再拉动后台的模式。

二是改变激励机制。这指的是改变"利"。直观的效果是"人人都是自己的CEO"，拉动节点上的动力机制，从公司大平台到产业子平台，再到具体项目的激励，既要让员工看得到短期利益，又要让员工看得到长期利益。

三是改变赋能机制。组织能力建设改变"能"。传统的组织能力建设只有"权""责""利"，加上"能"可以深入拉动节点上的动力水平。组织可以在中短期区间为员工提供资源和方法上的帮扶，在长期区间实现人才供应链的打造。

华为强调"没有成功，只有成长"，跟随外部环境进行组织调整与战略变迁。华为提出的"财富分享计划"和"权力分享计划"，既能够让员工获得绩效的分享，又可以因为授权而激发出员工极大的满足感和创造力，使得华为的组织管理能更好地从管控型转向服务与支持型。

很多人推崇华为，却不知道华为究竟哪里最值得推崇。其实，华为最厉害的就是组织能力，华为打造出了一个完全不依赖领导者个人和领导层的组织。华为的组织具有"力出一孔"的超强凝聚力和战略执行力，让组织内部的平凡人做出不平凡的事。

除海尔、华为外，美的的改革也值得关注。美的在何享健时代是完全事业部制，这在当时已经很先进了，但后来随着更先进的组织模式的出现，完全事业部制的中后台能力不够强的弊端逐渐暴露出来。如今在方洪波的主导下，实施"789"组织变革，包括7个平台、8个职能部门、9个事业部。在此基础上，又打造了强大的中后台，由此美的进入了一个全新的高成长阶段。

总的来说，海尔、华为和美的等进行了组织模式创新的企业，其组织能力都是十分强悍的，其人才供应链会愈发强大，与之合作的企业的组织能力建设亦会得到不断加强。

组织的目的是响应变化

某科技公司开发的一款电子书阅读器受到用户的青睐，阅读器开发团队由产品经理和交付经理共同领衔。该团队打算在1.0版本的基础上添加对PDF文件的支持，由此生成2.0主力版本。这是一个很大的特性上的升级，时间跨度需要半年。

交付经理要求团队成员聚焦在支持PDF文件上，但用户更感兴趣的是完善当前已经支持的功能，因而不断在论坛上提出意见。交付经理意识到，相对于PDF，用户群更支持对当前功能的改进，于是便向产品经理提出建议：不能因为要在下一个版本中争取新用户，就对老用户的需求置之不理，团队应该分出部分精力来响应老用户的需求。

产品经理从全局考量，认为团队分散精力会降低对PDF的支持，因为完善现有功能弥补不了PDF上的损失，若能最大化交付吞吐量，就可以通过新用户的满意度弥补老用户满意度下降的损失。

于是，交付经理和产品经理各执己见，不得已提交至公司决策层，最终交付经理的建议得到支持。决策层的意见很明确：从效率（生产率）最大化的角度看，产品经理的想法是正确的，但当前的市场形势需要优先考虑响应力，而不是交付率，更不是依附于交付率上的成本效益。

团队组织可以是为了响应变化，也可以是为了优化成本效率，后者通常体现为关注员工的利用率和生产力（交付吞吐量）。这里以为用户提供电话服务为例，以效率为导向的企业会在呼叫中心建立好几层交互语音应答（IVR）系统，尽量不让用户的电话转到人工服务台；而以响应为导向的企业则相反，它们不仅尽量少用交互语音应答系统，还会向用户提供最简单的方式接入人工服务。强调响应导向需要更高的工作标准，并不容易实现，但迫于实际需要和市场压力，利用一切机会来提高响应能力是非常有必要的，即使会因此牺牲一定的效率。

值得注意的是，成本效益并不是一种可持续的竞争优势。虽然在一定程度上通过降低成本可以获得一定的竞争优势，但这种优势通常是暂时的。竞争对手很容易模仿和复制企业的成本效益策略，从而导致价格战的出现，使利润降低。

如果一个组织过于专注于成本效益，可能会让其变得僵化和难以适应新的变化。相反，一个注重响应变化的组织更有可能在不断变化的市场中保持竞争力。

张瑞敏提出的"人单合一"管理模式，本质上是用交易替代管理的单边平台模式。"人单合一"中的"人"即员工，"单"即订单，也就是用户，"合一"就把每名员工和其对接的用户连在一起。

"人单合一"的具体体现就是"去组织化、去中心化"，实现以契合市场为目标的"快速响应"。员工自由组成小组，且自行制定小组目标，共同完成目标。这中间所有的生产权、决策权、用人权以及薪酬权都下放到各小组。这种以"市场链"为纽带的组织结构，将每一位员工从被管理的客体改变为参与经营的主体。

海尔内部形成了上千个自主经营体，最大的自主经营体人数达数百人，最小的不到十个人。海尔的自主经营体分为三级，由前方到后方依次是：直接按"单"定制、生产、营销的一级经营体；为一级经营体提供资源和专业服务的平台经营体；负责创造机会和创新机制的战略经营体。处在最前方的是与用户接触最直接的员工（销售人员、服务人员），往后是各个职能部门，前方员工将市场需求反映给后方，保证"市场"作为企业各项行动的起点。

"人单合一"要求员工以"抢单"的方式进行经营，接单而聚，完成而散。自主经营体之间实行末位淘汰制，被淘汰的自主经营体或被兼并，或自行解散。

带着重视响应的思维，就会从用户的角度关注时间效率，而不是从服务提供者的角度考虑成本效率。企业重视响应能力，能为企业带来更好的整体商业回报。

总而言之，组织的目的不应仅仅局限于优化成本效益，虽然成本效益仍然重要，但现代组织必须更多地关注如何响应变化，以保持竞争力和可持续性。在不断变化的市场中，灵活性、创新和适应性变得至关重要，这些特质将使组织能够在激烈的竞争中脱颖而出，实现长期的成功。

第五章　步速分层：形成有效而流畅的决策机制

在企业管理中，决策的制定与执行是至关重要的一环，直接影响着企业的生存、发展和成功。形成有效而流畅的决策机制，需要企业将决策过程层层分解和来自内部各方面的配合，这样可以帮助企业更好地适应变化、提高管理效率和实现创新，从而取得更大的成功。

模拟组织决策过程中的各种因素

组织决策是企业管理的核心活动，受到各种因素的影响。为了更好地理解和优化决策过程，模拟成为一种有效的方法。

方法 1. 德尔菲法

该方法是依据系统的程序，采用匿名发表意见的方式，即意见者之间不进行互相讨论和横向关联，只与调查人员发生纵向关联，通过多轮次调查，并经过反复征询、归纳、修改，最后汇总成基本一致的看法，作为预测的结果。

在组织决策中，德尔菲法的具体运用一般包含四个步骤，即准备阶段、调查阶段、循环阶段和分析阶段。

某电商企业希望通过德尔菲法来确定未来的营销策略，下面结合该方法的四个步骤进行具体分析：

（1）准备阶段。确定德尔菲法的应用范围和目标。根据目标，通过问卷调查、专家访谈等方式收集相关信息，并筛选出与目标相关的数据。此外，还需确定参与德尔菲法的人员，通常包括领域专家、行业领袖等。

该电商企业确定了德尔菲法的应用范围是制定未来一年的营销策略，并收集了相关的市场数据和竞争对手的营销策略。同时，确定了10位电商领域的专家作为参与人员，包括企业高管、营销经理等。

（2）调查阶段。根据收集的数据和参与人员的背景，制定调查问卷。问卷应该包含与目标相关的开放式和封闭式问题，以便让参与人员能够充分表达自己的观点和意见。随后将问卷发送给参与人员，并要求他们在规定的时间内完成并提交答案。

该电商企业制定了包含开放式和封闭式问题的调查问卷，并发送给参与人员，要求参与人员在两周内完成并提交答案。

（3）循环阶段。将参与人员的答案进行汇总和整理，并形成一份新的问卷。这份问卷将包含所有参与人员的答案和建议，以及根据这些答案和建议生成的新的开放式和封闭式问题。随后，将这份新的问卷发送给参与人员，并要求他们再次回答和提交答案。这个循环过程将持续进行，直到达到预定的终止条件。

该电商企业将所有参与人员的答案汇总整理成新的问卷，并发送给参与人员，再次要求参与人员在两周内回答和提交答案。这个循环过程持续了三轮。

（4）分析阶段。对收集到的数据进行整理和分析。通过统计和分析参与人员的答案和建议，得出最终的结论。此外，还可以使用数据可视化工具等来呈现结果，以便更好地理解和解释结论。

该电商企业通过对收集到的数据进行整理和分析，发现大多数参与人员认为未来一年电商市场将继续保持增长态势，同时建议企业采取更加个性化的营销策略来吸引消费者。根据这些结论，企业制订了一份包含个性化营销策略的未来一年营销计划。

通过德尔菲法，该电商企业成功制定了未来一年的营销策略，并且得到了参与人员的认可和支持。这个案例表明，德尔菲法可以帮助企业在缺乏充分信息的情况下做出明智的决策。

方法 2. 决策树分析

决策树是一种图形化工具，有助于理解各种决策路径的潜在结果。用于表示在多种可能的情况下，如何进行决策和得出结果。通过考虑各种因素，可以构建决策树来指导决策制定。

决策树由节点和分支组成。节点代表决策的步骤或条件，分支代表每个可能的选择和结果。决策树的起点是根节点，表示问题的开始，终点是叶节点，表示决策的结果。

在企业管理中，决策树可以用于制定经营策略、进行投资决策、优化运营流程等。例如，在制定经营策略时，可以使用决策树分析不同市场环境下的产品定位、价格策略和营销策略。

在决策优化过程中，决策树可以用于选择最优方案、提高决策质量等。例如，在选择最优方案时，可以使用决策树分析各个方案的成本、收益和风险，从而选择最优方案。

某公司计划投资一个新的项目，需要决定是否进行投资，可以使用决策树来分析投资的风险和收益。首先，确定投资项目的关键因素，如市场需求、竞争情况、技术风险等。其次，对每个因素进行评估，确定其发生的概率和影响程度。最后，根据这些因素产生的结果计算出期望值，并决定是否进行投资。

方法 3. 系统动力学模型

该模型可用于模拟组织内部和外部变量之间的复杂关系，有助于预测决策对组织绩效的长期影响，如供应链决策对库存水平的影响。

在组织决策过程中，系统动力学模型的具体运用分为八个部分：

（1）确定决策问题。可以是关于组织内部的运营管理、战略规划、人力资源管理等方面的问题，也可以是关于组织外部的市场环境、竞争态势等方面的问题。在明确决策问题后，需要对该问题进行定义和描述，以便后续的分析和建模。

（2）分析决策问题。通过深入了解问题的背景、现状、目标等信息，可以帮助确定问题的主要变量和与之有关的因果关系，以及可能的反馈和调节机制。这些信息将为后续的建模和模拟提供基础。

（3）建立决策模型。根据对决策问题的分析，构建出能够反映问题本质的模型。这种模型通常包括变量、因果关系、反馈和调节机制等部分。在建立模型的过程中，需要注重模型的准确性和可操作性。

（4）运行决策模型。通过设定不同的参数和初始条件，可以模拟不同情况下的决策效果，并观察系统的长期行为。运行决策模型可以帮助理解问题的动态性质和敏感度，以及优化决策方案。

（5）分析模型结果。通过对模拟结果的数据分析和可视化展示，可以了解不同决策方案对系统行为的影响，以及系统对不同决策的反馈效果。分析模型结果，可以为制定决策方案提供有力的支持。

（6）制定决策方案。根据模拟结果及其分析制定具体的决策方案。这种方案应该考虑到不同方面的因素，包括组织内部条件、外部环境、利益相关者需求等。在制定决策方案时，需要注重方案的可行性和风险控制。

（7）实施决策方案。将制定的决策方案付诸实践的过程中，需要注重方案的执行效果和实际操作中可能出现的问题，并且要不断监控和调整方案，以确保达到预期的效果。

（8）评估决策效果。对实施后的决策方案进行评估和反馈时，需要关注方案的实际效果和质量，以及与预期目标的符合程度。通过对实施效果的评估，可以总结经验教训，为今后的决策提供参考和借鉴。

某制造业企业面临市场竞争加剧和生产成本上升的挑战。为了应对这些挑战，该企业需要制定一系列的决策，包括调整产品定价、优化生产流程和加强供应链管理等。该方法通过对企业的历史数据和相关文献进行分析，构建一个包含价格决策、生产流程决策和供应链管理决策等因素的系统动力学模型。

模型的主要内容包括：①价格决策与市场需求、竞争对手的定价策略相关；②生产流程决策与生产成本、产品质量相关；③供应链管理决策与供应商选择、库存管理和物流效率相关。

模型收集了该企业过去三年的历史数据，包括销售数据、生产成本数据、库存数据和供应商选择等方面的数据。将提取的数据参数代入系统动力学模型中，通过运行模型，即可得到模拟结果。将模拟结果与实际数据进行对比分析，发现模型能够较好地解释该企业的决策问题。具体而言，模型能够模拟不同决策方案下的销售收入、生产成本和库存水平的变化趋势，从而为企业制定更加有效的决策提供支持。

方法 4. KT 决策法

该方法是根据课题以及探明的问题原因，制定更适合的决策方案。为了寻求好的方案，必须在决策分析中尽可能多地考虑各种因素，以接近穷尽可行方案的方式选出最终方案。

KT 决策法的实施包括七个步骤：①明确决策问题。通常涉及确定问题的性质、目标和限制条件。②尽可能全面和准确地收集与问题相关的信息。包括内部信息，如组织的历史数据、相关政策文件等，以及外部信息，如市场研究、竞争对手分析等。③根据收集的信息和问题的性质，制定可能的解决方案。这些方案应考虑不同的策略和措施，并预测可能的结果。④对制定的每个方案进行评估，确定其可行性和优劣。评估过程应考虑问题的多方面影响，如财务、社会、环境等。⑤选择最合适的方案实施，且实施过程中明确责任和分工，确保方案的顺利推进。⑥通过收集实际效果的数据，与预期目标进行比较，对实施效果进行评价。如果实际效果与预期目标存在较大差异，应及时调整方案或追加资源投入。⑦监督与评估的结果应及时反馈给决策者和管理层，以便对原有方案进行修正和改进。反馈过程应注重时效性，确保反馈的信息能够为后续的决策提供有价值的指导。

假设某公司面临市场竞争加剧和客户需求多样化的挑战，需要制定新的市场策略以提升竞争力。该公司采用 KT 决策法进行模拟，包括如下方面：

（1）确定问题。公司如何应对市场竞争和客户需求变化，制定有效的市场策略。

（2）收集信息。收集市场研究报告、竞争对手分析、用户调查数据等，了解市场现状和用户需求。

（3）制定方案。制定多种市场策略，包括产品创新、价格调整、渠道拓展、营销推广等。

（4）评估方案。评估每种方案的优劣和可行性，考虑市场份额、利润潜力、实施难度等因素。

（5）实施方案。选择一种最合适的方案实施，并制订详细的实施计划。

（6）监督与评估。监督实施过程，收集实际效果数据，与预期目标进行比较和评估。

（7）反馈与修正。根据监督与评估结果，对实施方案进行修正和改进，确保策略的有效性。

通过应用KT决策法，该公司在市场竞争加剧和客户需求多样化的挑战下，成功制定了有效的市场策略，提升了公司的竞争力。KT决策法可以帮助组织在面临复杂多变的内外环境时，做出更加科学合理的决策，提升组织的运营效率和竞争力。

在决策过程中模拟各种因素，然后再做出决策，有以下几点重要的优势：

（1）准确选择。模拟允许管理者更全面地考虑各种可能性，包括不同因素的组合，有助于做出更准确、更全面的决策，减少基于主观猜测的错误。

（2）风险管理。模拟允许管理者评估决策可能面临的风险和不确定性。通过模拟可能的不利情景，组织可以采取措施来降低潜在风险，制定更可靠的决策。

（3）资源优化。通过模拟，组织可以更好地了解资源如何分配可能达到最佳效益，有利于避免资源浪费和提高资源利用率。

（4）长期影响。某些决策的影响须在长时间范围内才能完全显现，模拟可以帮助管理者预测长期效应，确保决策的可持续性和长期成功。

（5）迭代改进。模拟不仅能够用于当前的决策，还可以为未来的类似情境提供宝贵的经验。组织可以根据历史模拟结果进行迭代改进，提高决策质量。

综上所述，决策模拟对于组织是非常一种有效的方法，可以帮助组织更智慧地应对不断变化的环境，最大限度地提高决策的质量和效益。通过考虑各种因素，模拟有助于降低决策的风险，提高决策的可持续性，从而为组织的成长和成功提供有力支持。决策中模拟的因素包括但不限于以下几种：

（1）市场条件。市场的变化对决策影响深远。市场需求、竞争情况和经济状况都是需要模拟的重要因素。

（2）资源可用性。组织的资源，包括资金、人力和技术，对决策选择至关重要，模拟可以帮助组织确定最佳资源配置。

（3）风险和不确定性。不同决策可能面临不同程度的风险，模拟有助于量化和管理风险。

（4）内部因素。组织内部的变量，如管理风格、文化和运营流程，也可以在模拟中加以考虑。

模拟在组织决策中具有广泛的应用，能够帮助管理者更好地理解和管理各种因素的影响。不同的方法应用于不同类型的决策问题，以提供更好的洞察力和决策支持，从而取得更好的结果。

权衡多目标之间的关系和权重

在面对复杂的问题时，我们往往需要考虑多个目标或因素，要考虑它们可能相互冲突或相互关联。例如，在处理企业发展策略时，需要考虑企业的利润、市场份额和品牌知名度等多个因素。为了做出明智的决策，需要理解如何权衡这些目标之间的关系，并确定它们的权重。

首先，让我们讨论目标之间的关系。目标可以分为互补目标、竞争目标和矛盾目标三种。其中，互补目标是指那些相互支持的目标，只要实现一个目标就可能有助于另一个目标的实现。竞争目标是指那些相互对立的目标，实现一个目标可能会妨碍另一个目标的实现。矛盾目标则是指那些在某种程度上相互冲突但不是完全对立的目标。理解目标之间的关系有助于我们更好地权衡它们，以便做出更符合实际情况的决策。

其次，目标之间权重的确定是决策过程中的关键一步。权重反映了每个目标在整个决策中的重要性。一个合理的权重分配机制可以有效地平衡不同目标之间的冲突，并找到一个全局最优解。使用不同的决策方法和工具，如层次分析法、主成分分析法等，可以帮助我们确定权重。

在实际决策过程中，常常需要采用多目标优化方法来平衡各个目标之间的关系和权重。这些方法可以帮助管理者找到可行的解决方案，使各个目标都得以实现，或者在目标之间寻找最佳的折中点。多目标决策常见于管理、工程、环境等领域。例如，企业可能需要在降低成本、提高质量和保护环境之间权衡。

为了制定有效的多目标优化方法，需要了解待实现的目标，并将它们排列成一个层次结构。在这个层次结构中，必须先确定最高层目标，并将其细分为更具体的次级目标。例如，某公司在制定发展策略时，最高层目标是增加企业价值，向下拆分成提高市场份额、改善产品质量等次级目标。

目标层次结构设定完毕后，再根据不同目标之间的关系，制定相应的策略来平衡这些目标。在这个过程中，需要考量目标间的权重关系。在此介绍一种常见的权重确定法——基于均衡点的权重确定法，该方法通过寻找目标函数之间的均衡点来确定权重，均衡点的确定可以通过数学方法来实现。该方法的优点在于能够考虑目标之间的相互关系，避免主观干扰，但其对数学建模要求较高，计算的复杂程度较大。

确定多目标优化问题的权重是一个相对复杂但很重要的事情，建议在设定权重时结合多种方法进行验证和分析，选择的方法需要综合考虑问题的特性和可获得的资源，并重点考量三个要素（见图 5-1）。

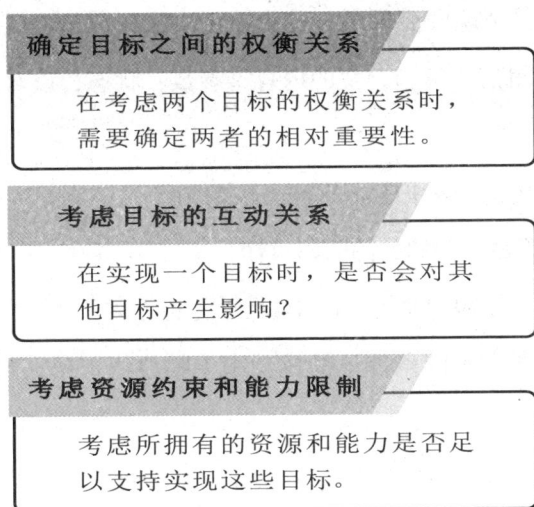

图5-1　设定目标权重需考量的三个要素

此外，随着技术的不断进步，利用数据分析和人工智能也可以帮助管理者更好地理解和权衡多目标之间的关系。

综上所述，权衡多目标之间的关系和权重是决策过程中的关键因素。了解目标之间的关系，确定合适的权重，并采用适当的决策方法，可以帮助管理者做出更明智和可持续的决策，同时满足各种不同的经营需求。

通过树状图展现不同决策的可能性和结果

进行科学决策是工作高效实施的重要构成。凡是决策就存在一定的风险，为了降低风险，需要对风险进行概率分析，并由此决定方案取舍。而在企业管理实践中，常遇到的问题是：若干个可行性方案制定出来后，虽然大部分条件是已知的，但仍存在一定的不确定性。因此，每个方案都可能出现几种不同的结果，企业决策既存在着一定的成功率，也存在一定的风险。为了将决策风险降到最低，建议使用决策树分析法，即利用概率分析原理，用树状图描述备选方案的内容、参数、状态，以对其进行系统分析和评估的方法。

运用决策树分析法必须具备以下三个条件：

（1）具有决策者期望达到的明确目标。

（2）存在可以选择的两个以上的可行性备选方案。

（3）不同方案在不同条件下的成功率（收益值）或失败率（损失值）可以预估。

每个决策或事件（即自然状态）都可能引出两个或以上实践，导致不同的结果，将这种决策分支画成一棵树的枝干图形，因此称为决策树（见图5-2）。

目标	问题	选择方案	效果	概率	重要性	权衡	决定

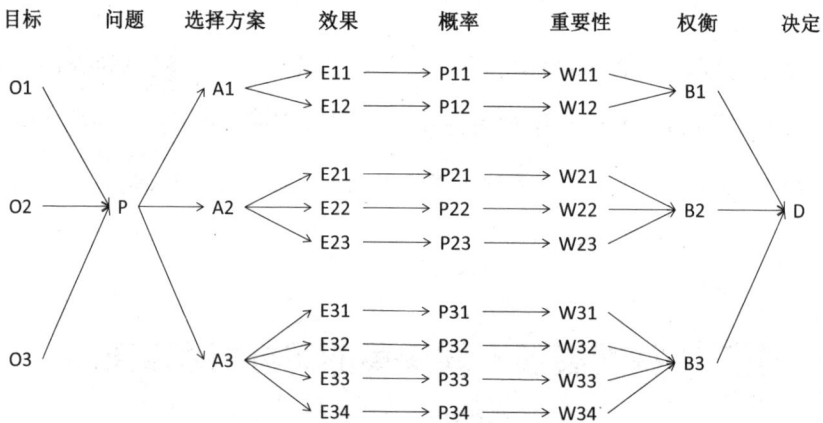

图5-2 决策树图形概述

注1：决策树可以是二叉的，也可以是多叉的。

注2：从"树根"到每个"叶子"（节点）都有一条路径。

运用决策树分析法不仅能进行单阶段决策，也可进行多阶段决策。决策树以方框和圆圈为节点，并由直线连接而成。可以分为决策点与方案枝、机会点与状态枝、结果点与损益值三部分。决策树的构成有四个要素，即决策点、方案枝、机会点、状态枝（见图5-3）。

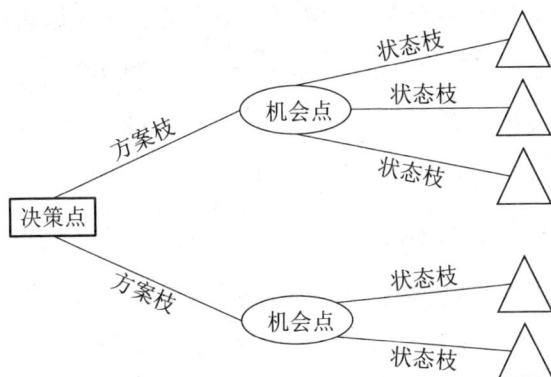

图5-3　决策树

对于图5-3决策树的各部分解释如下：

（1）某项决策的出发点，用方框"□"表示，称为"决策点"，方框内可用符号表示其为第几级决策点。

（2）某项决策应有若干可供选择的方案，由决策点引出的若干条直线表示，称为"方案枝"，在方案枝的上下侧可注明方案的含义及参数。

（3）方案在推测实施过程中由于存在各种不确定性因素，可能出现多种机会或状态，用圆圈"○"表示，称为"机会点"或"状态点"，即方案在各种自然状态下所能获得的期望结果。

（4）每一个方案可能出现的各种状态，用机会点引出的若干条直线表示，称为"状态枝"，因各种状态的代号与概率等参数可标在状态枝的上下侧，又称为"概率枝"。

（5）在状态枝的最末梢标明该方案在该自然状态下所达到的结果（收益值或损失值），用三角"△"表示，称为"结果点"，之后可分别理出其损益现值，即对方案某种状态下损失或收益的度量结果的现值（状态净现值）。

经过上述步骤后，树形图由左向右（或由上至下、由下至上）并由简到繁地展开，组成一个树状网络图。

运用决策树来做决策的过程，是从右向左逐步后退进行分析。根据右端的损益值和状态枝的概率，计算出期望值的大小，确定方案的期望结果，然后根据不同方案的期望结果做出选择。方案的舍弃叫作修枝，被舍弃的方案用"≠"表示，最后的决策点留下一条树枝，即为最优方案。

利用决策树进行决策时，须先确定是单阶段决策树还是多阶段决策树。单阶段决策树是建立在单级决策（只需要进行一次决策便可以选出最优方案的决策）的基础上，把单级决策过程中各方案可能出现的概率和产生的结果绘成图形，就是单阶段决策树。多阶段决策树是建立在多级决策（需要进行两次以上决策才能选出最优方案的决策）的基础上，把多级决策过程中各方案可能出现的概率和产生的结果全部绘在一张图上，就形成多阶段决策树。

利用决策树进行单阶段决策非常容易，即从决策点开始进行一次期望值计算即可。而利用决策树进行多阶段决策则相对复杂，其复杂程度要看有多少级决策，但无论有多少级决策，都要从最末一级决策点开始，用各级决策后方案的期望值代替该级决策点缩减决策树，再逐级向前推移决策。下面分别对单阶段决策树和多阶段决策树举例说明。

1. 单阶段决策树

某生产加工企业考虑扩大生产，新投入的设备将生产一种新产品，但该产品的潜力和市场反馈还是未知数。现有以下三种选择（数值均为预估）：

（1）扩建一个大型厂，若市场反馈较好，每年可实现100万元利润；若市场反馈不好，每年会导致90万元损失。

（2）扩建一个中型厂，若市场反馈较好，每年可实现50万元利润；若市场反馈不好，每年会导致30万元损失。

（3）扩建一个小型厂，若市场反馈较好，每年可实现30万元利润；若市场反馈不好，每年会导致10万元损失。

该企业必须进行扩建，不能什么都不做。最近的市场研究表明，市场好的概率是 40%，市场不好的概率是 60%（见图 5-4）。

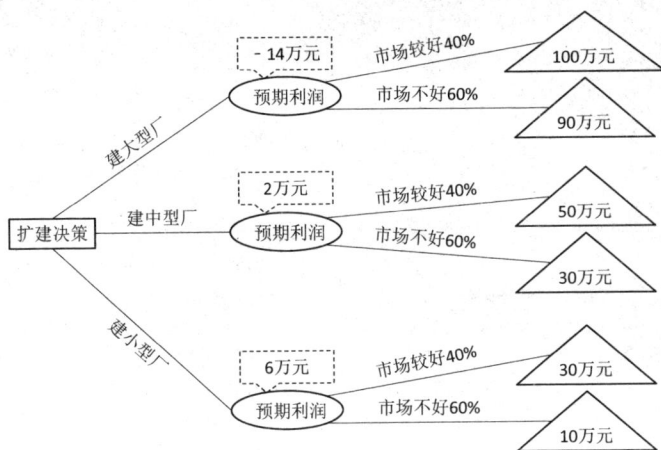

图5-4 某生产加工企业扩大生产规模的决策树图

结合相关数据和决策树的直观反映，计算出能产生最大的期望货币价值（EMV）的选择，即做出合适的扩建决策。

EMV（建大型厂）＝ 40% × 100 + 60% × （－ 90）＝－ 14 万元

EMV（建中型厂）＝ 40% × 50 + 60% × （－ 30）＝ 2 万元

EMV（建小型厂）＝ 40% × 30 + 60% × （－ 10）＝ 6 万元

经计算得出结论，该加工企业应扩建一个小型厂。

2. 多阶段决策树

某建筑公司面临 A 和 B 两项工程的招标，因受企业规模所限，不可能两项工程同时投标，但也不能一项不投。根据过往类似工程投标的经验，A工程投高标的中标概率为 0.4（不中标的概率为 0.6），投低标的中标概率为 0.8（不中标的概率为 0.2），编制该工程投标文件的费用为 5 万元；B 工程投高标的中标概率为 0.5（不中标的概率为 0.5），投低标的中标概率为 0.7（不中标的概率为 0.3），编制该工程投标文件的费用为 4 万元。两项工程投高标与投低标的承包效果分别有好、中、差三种，对应各自的概率和损益值见表 5-1。

表5-1 某建筑公司对A、B两工程的投标方案效果、概率和损益值

方案	效果	概率	损益值
A工程投高标	好	0.3	160万元
	中	0.6	120万元
	差	0.2	50万元
A工程投低标	好	0.2	110万元
	中	0.5	80万元
	差	0.1	10万元
B工程投高标	好	0.4	100万元
	中	0.7	70万元
	差	0.2	30万元
B工程投低标	好	0.2	90万元
	中	0.4	40万元
	差	0.3	10万元

该建筑公司通过决策树方法进行决策，需要分两步。首先，分别计算出两个工程各投标方案的好、中、差效果的机会点期望值；其次，计算出两个工程投高标和投低标的机会点期望值，再根据不同方案的期望结果作出选择（见图5-5）。

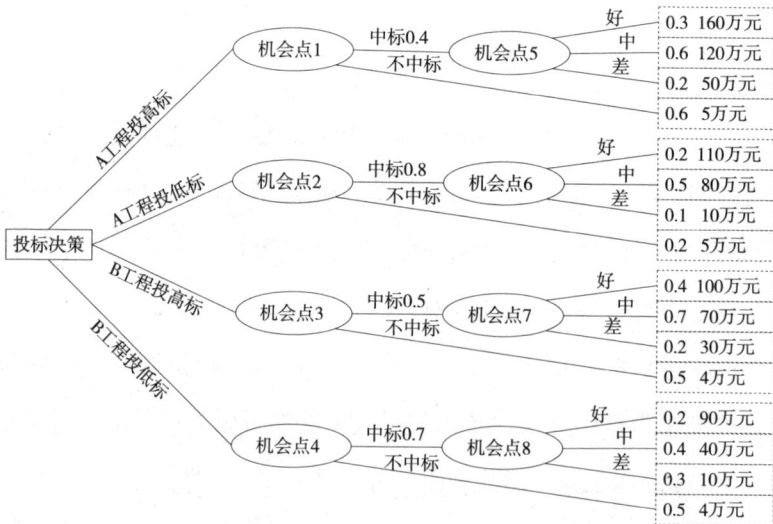

图5-5 某建筑公司投标A、B两工程的决策树图

结合相关数据和决策树的直观反映，计算出决策树上各机会点的期望值，并将计算出来的期望值标注在各机会点上方，具体如下。

机会点 $5 = 0.3 \times 160 + 0.6 \times 120 + 0.2 \times 50 = 130$ 万元；

机会点 $1 = 0.4 \times 130 - 0.6 \times 5 = 49$ 万元；

机会点 $6 = 0.2 \times 110 + 0.5 \times 80 + 0.1 \times 10 = 63$ 万元；

机会点 $2 = 0.8 \times 63 - 0.2 \times 5 = 49.4$ 万元；

机会点 $7 = 0.4 \times 100 + 0.7 \times 70 + 0.2 \times 30 = 95$ 万元；

机会点 $3 = 0.5 \times 95 - 0.5 \times 4 = 45.5$ 万元；

机会点 $8 = 0.2 \times 90 + 0.4 \times 40 + 0.3 \times 10 = 37$ 万元；

机会点 $4 = 0.7 \times 37 - 0.3 \times 4 = 24.7$ 万元。

方案枝上机会点 2 的期望值（49.4 万元）最大，因此，A 工程投低标为最佳方案。但需强调一点，机会点 1 仅比机会点 2 少 0.4 万元，出现这种情况，也需要对期望值第二的方案着重考虑，除期望值数字外，应尽可能参考更多其他因素进行比较，选择最佳方案。

运用问责制平衡决策自主性

在组织管理中，决策自主性和决策问责制是两个重要的概念。决策自主性涉及员工在工作中拥有自主权和决策权的程度。然而，要实现决策自主性，必须建立问责制度，以确保自主性不会被滥用或导致不负责任的行为。因此，决策问责制是一种重要的机制，用于确保决策的透明、合理和有效。

决策自主性是一种赋予员工更多权利和责任的管理方法，可以激发创新、提高工作满意度，并增强员工的责任感。在现代组织中，追求决策自主性已经成为吸引和留住高素质员工，以及提高企业生产经营效率的关键因素之一。

决策问责制是一种确保人员在行使权利时负有责任的机制，要求明确规定决策的责任人、监督决策的过程，并建立反馈机制以评估和改进决策的质量。决策问责制有助于避免滥用职权、提高决策的质量和组织的决策效率。

问责制在决策中的重要作用包括如下几点：

（1）建立透明度。问责制度可以确保决策过程和结果对所有相关方都是透明的，有助于建立信任，减少潜在的不正当行为和滥用职权，提高组织声誉。

（2）提高责任感。通过指定决策责任人，决策问责制鼓励个体或团队对他们的决策负责，鼓励员工慎重行事，减少不负责任的行为，确保决策的合理性。

（3）监督和反馈。问责制提供了监督和反馈的机制（通过定期的绩效评估、管理层的审查和持续的沟通来实现），鼓励对决策进行审查和改进，有助于提高决策的质量，确保最佳的结果。

通过上述阐述可知，决策问责制和决策自主性是一对矛盾体，强调问责制多了，自主性就会减少；自主性多了，问责制就会宽松。很多企业在实际操作中，经常无法平衡二者，导致出现了更多的问题。要么过分强调问责制，导致员工感觉受到限制从而降低工作满意度和创造力，导致决策过程烦琐和缓慢，从而影响组织的灵活性和反应速度；要么自主性没有得到适当监督和问责，员工滥用自主权，导致出现不负责任的行为。

但决策的正确制定和实施又离不开问责制和自主性的保驾护航，因此必须平衡二者间的关系。下面，给出一些常规建议：

（1）明确企业、团队和个人的发展目标与期望值。确保员工清楚了解自己的决策自主性范围以及相关的责任和目标，同时借助期望值帮助员工做出最适合的决策。

（2）建立有效的反馈机制。提供企业层面、部门层面和团队层面的及时且有针对性的反馈，以帮助员工改进决策和做出具体行为。

（3）有针对性的培训。企业必须为员工提供关于决策制定和决策执行的培训机会，以提高员工的决策制定能力和决策执行能力。

（4）保持决策问责制的灵活性。根据经营的具体情况及时调整问责制度，确保它不会成为决策自主性的障碍。

（5）文化和价值观。在企业内部统一建立一种文化，鼓励负责任的自主性，并将其视为组织的核心价值之一。

决策自主性和决策问责制是组织管理中的两个关键要素。通过有效地平衡这两个要素，企业可以实现更高的创新性、员工满意度、工作效率和业绩。因此，决策自主性和决策问责制应被视为相辅相成的概念，而不是相互排斥的。

企业只有在有效平衡决策自主性和决策问责制后，才能够正确实施决策问责制。下面是企业内部实施决策问责制的步骤（注：本步骤与上面平衡决策自主性与决策问责制的五点常规建议表面上看似有重复，实则并不重复，本步骤是在五点常规建议能够顺利实施的前提下，进行的关于决策问责制的具体实施流程）：

（1）明确决策责任。确定决策责任人，明确其权限、职责和决策程序，可以通过组织内部文件或工作说明书来实现。

（2）建立监督和反馈机制。建立监督机制包括审查、审批和评估程序，同时建立反馈机制以便在决策实施后进行评估和改进。

（3）培训和教育。确保组织内部的所有成员了解决策问责制的原则和程序，并提供培训和教育，以便他们能够正确理解和遵守这些规定。

（4）持续改进。不断审查和改进决策问责制，以确保其适应企业的变化和需求。收集反馈意见，并根据实际情况进行调整。

下面，通过一个名为XYZ公司的案例来说明决策问责制的运作方式（该公司为现实中非常常见的企业类型，可供参考）。

步骤1，明确决策责任。在XYZ公司，每个部门都有一位指定的部门经理，负责该部门的所有决策。此外，高级管理层负责战略性决策，而每个项目都设有一个项目经理，负责项目相关的决策。

步骤2，建立监督和反馈机制。XYZ公司每季度进行绩效评估，包括对各个部门和项目的决策过程进行审查。公司还定期举行会议，以审查和改进决策的效果。

步骤3，培训和教育。新员工在入职培训期间接受关于决策问责制的培训，以便他们了解公司的决策流程和责任分配。此外，XYZ公司还提供定期的培训课程，以帮助员工不断提高其决策能力。

步骤4，持续改进。XYZ公司定期收集员工和用户的反馈意见，以评估决策问责制的有效性。公司会根据反馈意见对决策进行必要的调整和改进。

通过这个案例，可以看到决策问责制如何在企业的实际经营中发挥作用，确保决策的透明、合理和有效。

决策问责制有助于提高决策的质量、透明度和负责任性，有助于建立信任和提高声誉。通过合理的决策问责制，企业能够更好地适应变化并取得可持续的成功。

面向结果和决策，坚持责任明确化

面向结果和决策，坚持责任明确化，是一种组织内部的重要实践，可以显著提升绩效和决策质量。在本节中，我们将深入探讨这两个关键概念，并解释为什么它们对组织至关重要。

1. 面向结果和决策

面向结果和决策是一种管理和领导理念，强调了将组织的目标和使命置于优先位置，意味着组织应该不断追求卓越，以实现明确的结果。面向结果的文化鼓励团队将注意力集中在目标上，确保每个决策和行动都与目标保持一致。海底捞的店长作为门店的运营管理者，拥有相对较大的自主经营权，并对门店的运营负有相应的责任，同时也享有相应的利益。即便是海底捞的普通店员，在与顾客的交际中也有一定的自主权。因此，海底捞的员工不是为老板工作，而是在为自己奋斗。

在任何一家企业中，结果都是最重要的。无论是在企业管理还是在团队建设中，明确结果都是实现预定目标的前提。只有明确了组织目标和个人目标，才能确保每个环节的工作都得到有效落实。

以生产企业为例。如果生产线上有一名工人不清楚企业目标或团队目标，也不清楚个人目标，只是以"当一天和尚撞一天钟"的心态工作，便不可能高效完成自己的工作，那么整个生产链条都会受到影响，导致生产计划无法按时完成。这就是用计件制总是比计时制更能激发生产车间工人的积极性的原因。因此，通过面向结果和决策明确目标，可以确保每个工人都清楚自己的任务和职责，为顺利完成生产计划提供保障。

除了生产线上的工人以外，管理人员更需要明确企业目标、团队目标和个人目标。例如，在制订生产计划时，管理人员需要明确所在团队的目标和每个人的任务，并制定相应的考核标准，以确保每个环节的工作都得到有效落实，从而使计划顺利完成。

要在企业管理中实践面向结果和决策，需要确立清晰的目标和测量方法，包括确定关键绩效指标（KPI）和建立数据收集系统，以便监测进展。决策的制定应基于数据和事实，而不是主观意见。团队成员需要了解各自在实现这些目标方面所发挥的作用，并且必须有机会参与决策的制定过程。

2. 责任明确化

责任明确化在日常管理工作中具有重要意义。通过明确责任，管理者能够更好地分配任务和资源，确保每个团队成员都明白自己的任务和职责，以便实现组织目标。同时，责任明确化能够促进团队合作，减少相互推诿。当每个人都知道自己的职责时，决策制定和目标达成将会变得更加高效。

首先，通过明确责任可以确保每个决策都有相应的负责人。这样可以避免出现决策上的推诿和扯皮现象，提高决策效率。

其次，责任明确化可以为决策提供依据和参考。在制定决策时，需要有足够的数据和信息作为依据。通过明确责任，可以确保每个相关人员都能够提供自己负责的数据和信息，从而为决策提供更加全面的支持。

例如，在一个城市管理部门中，如果每个科室都能够清晰地了解自己的职责和工作范围，在制定城市规划时就可以更加高效、准确地收集相关数据和信息。每个科室都可以基于自己的专业知识和经验提出建议和意见，从而为城市规划的制定提供更加全面的支持。

责任明确化需要从制度和文化两个方面入手，企业需要建立完善的制度和规范体系。通过制定明确的职责和工作流程图，确保每个员工都清楚自己的职责和工作范围。同时,制度和规范也可以起到约束作用,避免出现违反规定的行为。

同时,企业文化是必须重视的软实力,它可以凝聚人心、增强团队的凝聚力。通过宣传责任意识、强调团队意识和协作精神等手段,营造积极向上的企业文化,从而引导员工积极履行自己的职责和义务。

此外,有效沟通也是实现责任明确化的关键因素之一。企业内部需要建立良好的沟通机制和渠道,使员工和管理层之间的沟通畅通无阻,以避免出现信息不对称和误解等问题,更好地落实责任。

总之,面向结果和决策,坚持责任明确化,对于企业管理具有重要的意义,有助于确保组织的决策制定与目标一致,并提高绩效。通过建立清晰的组织和个人目标、明确每个人的责任、完善制度和规范、营造积极向上的企业文化以及加强沟通等多种手段,可以为企业和管理层提供更多支持和帮助。

第六章 过程切片：以流程为中心实现高效协同

以流程为中心实现高效协同，是提高运营效率和提升企业竞争力的关键。流程是一系列相互关联、相互作用的活动和任务的集合，代表着企业运营中的不同方面和环节。高效协同需要不断地优化和改进流程，以确保协同工作顺畅进行。

利用系统对接，减少人工操作

随着科技的不断进步和信息技术的飞速发展，各行各业都在寻求提高效率、降低成本的方法。若能在流程上实现高效协同，就能将企业的总体运营效率大幅提升。尤其是现代企业面临着越来越复杂的业务流程和数据处理需求，打通流程全域，降低甚至避免流程执行过程中的失误率，成为企业提高工作效率和质量的核心诉求。而传统的手工操作或是手工结合系统的操作，不仅费时费力，还容易出现错误。系统对接技术可以将不同系统之间的数据和功能进行无缝整合，从而减少了人工干预，提高了工作效率和精确度。

如今，系统对接作为一项重要的技术手段，已经在许多领域得到广泛应用，其核心内容之一就是流程优化。

系统对接是一种将不同的软件系统连接在一起，实现数据共享和互操作性的技术。通过系统对接，企业内的不同部门、不同系统、不同程序之间，或者企业与企业之间的信息和数据可以自动传递与共享，消除了烦琐的手工数据输入和转移过程。

系统对接对于工作流程的完善具有重要作用，具体的作用如下：

（1）信息共享与传递。系统对接能够确保信息在不同部门、不同系统或不同程序之间迅速、准确的共享和传递。这意味着员工可以更容易地获得所需的信息，无须耗费时间手动收集或传递数据。

（2）工作流程优化。通过系统对接，企业可以优化工作流程，消除重复性的任务和不必要的延误，有助于加速决策制定和项目完成的速度。

（3）减少错误。手动数据输入和转移常常伴随着错误和不一致性，系统对接则可以降低这种风险，提高数据准确性。

（4）协同合作。不同部门和团队之间的协作更加流畅，团队可以实时共享信息、协同工作，促进创新和跨部门项目的完成。

（5）实时监控与分析。系统对接使得数据实时更新和监控成为可能，有助于管理层更好地了解业务状况，迅速做出决策。

（6）提升用户满意度。高效的流程和协同工作意味着更好的用户服务，用户可以更快地获得所需的支持和信息。

综上所述，系统对接对于实现工作流程高效协同起着至关重要的作用，既可以提高企业的工作效率，也可以增强企业的综合竞争力。

在实施系统对接之前，须先深入分析现有的业务流程，包括了解数据流动、信息交互和各个环节的依赖关系。通过流程分析，可以明确哪些步骤可以被自动化和优化。

选择合适的系统对接工具是关键的一步。市场上有许多不同的对接工具和平台，可根据企业的需求选择最适合的。一些常见的系统对接工具包括 API（应用程序接口）、中间件和集成平台等。

此外，在进行系统对接时，还必须确保新系统能够与现有系统集成，实现数据的无缝传输和共享。如果没有现成的系统能满足需求，那么就需要进行定制开发，以适应工作流程。

总的来说，系统对接的实施需要精心规划和协调，包括定义数据映射、设置自动触发机制、编写定制代码等步骤。在实施过程中，要确保数据的安全性和完整性。

系统对接成功后，许多流程可以自动执行。例如，订单处理、用户信息更新、库存管理等。这样不仅可以减少人工操作，还可以提高工作效率，减少错误发生的机会。不过，要注意的是，不能忽视培训员工使用新系统，同时还要为系统提供技术支持，以确保其有效运作。

总之，通过系统对接减少人工操作是一种现代化的解决方案，可以帮助企业提高效率、降低成本，并提高工作质量。然而，成功实施系统对接需要深入的流程分析、选择合适的工具和精心的规划。只有充分理解和把握了系统对接的核心，企业才能在竞争激烈的市场中立于不败之地。

设定反馈环，降低返工率

在企业内部建立反馈机制，既是组织和个体成长的关键因素之一，也是提升企业整体效率和经营生产质量的重要组成部分。但在一些企业内，反馈机制的设置不合理，不仅没有发挥出帮助企业和个人成长的作用，也未达到提升企业效率和生产质量的目的，还导致了不应有的返工率上升，严重阻碍了工作效率。

反馈环是指在工作过程中，个体或团队不断收到反馈，然后根据这些反馈进行调整和改进。这个过程通常是正向循环，可以帮助我们不断提高工作表现。然而，在某些情况下，反馈变得过于频繁或过于严格，可能导致返工率上升，对企业效率产生负面影响。高频反馈对企业效率产生的负面影响可能有：

（1）导致员工焦虑和疲劳。如果员工不断地收到反馈，会感到压力在不断汇集，将影响到员工的工作表现和情绪健康。

（2）导致注意力分散。持续不断的反馈会导致员工频繁地切换任务，难以集中精力专注于一个任务的完成，会降低生产效率。

（3）导致缺乏自主权。员工需要不断地等待和接受反馈，没有足够的自主权来完成任务，只能等待指示，而不敢主动行动，执行速度势必变慢。

（4）导致创造力降低。创造性的工作需要一定程度的自由和空间，而不是不断地受到干预和指导。

（5）导致反馈过载。员工不知道如何应对来自不同方向的反馈，难以确定哪些反馈是最重要的，哪些是应该优先考虑的。

（6）导致时间浪费。员工花费在处理反馈和回应反馈上的时间可能会超过实际工作的时间。这种情况下，反馈不再是提高效率的工具，反而变成了效率的绊脚石。

（7）抑制自主学习。如果员工不得不一直等待反馈，那么他们就会失去主动寻求解决办法的积极性和意愿，从而错过学习和成长的机会。

由此可见，高频反馈对企业效率会产生非常严重的不利影响。为了保持高效率，企业应该寻求平衡，确保反馈是有针对性和建设性的，而不是无休止地干扰正常工作。

首先，建立一种具有开放性和建设性的反馈文化。反馈不只有负面的，还包括积极的反馈，领导者应鼓励积极的反馈，以及提供改进建议，而不仅仅是批评。这样的文化可以使个体更愿意接受反馈，而不会感到恐惧或抵触。

其次，反馈应该具有明确的目标和重点。反馈不应该是随机或模糊的，而应该与具体的目标和标准相关联，以帮助个体更容易理解反馈的用途，并采取针对性的措施进行改进。同时，反馈也应该着重于关键问题，而不是琐碎的细节，以避免让个体陷入无休止的微调中。

再次，反馈应该定期进行。不仅是定期给予反馈，还应该定期检讨反馈的效果和个体的改进，以确保反馈不会变得无休止，个体能够逐渐获得提高，而不会感到压力不断。

最后，领导者需要在反馈中注重沟通技巧。反馈应该以建设性的方式提供，避免用负面或攻击性的语言。同样重要的是，接受反馈的个体需要学会有效地处理反馈，将其转化为行动计划。

此外，技术工具也可以帮助设定反馈环，降低返工率。利用项目管理软件、在线协作工具和自动化测试工具可以提供实时反馈和检查，帮助团队更快地发现和解决问题，减少反馈次数和返工的发生。

在设定反馈环方面，丰田自动化是非常典型的案例。自动化是让设备或系统拥有人的"智慧"。当出现不良加工零件或产品时，设备或系统能及时判断并自动停止。通过自动化改善的设备或系统，可以达到两个目的：①实现生产产品零缺陷，减轻作业强度，提高工作效率；②实现省人化，即异常发生时自动停机。

自动化最根本的影响是改变了流程管理的性质，消除了操作员监视设备的需要，因为当问题发生时，设备会自动停止，等于最大限度地降低了生产中的反馈环节。

总之，反馈是组织和个体成长的关键，但过于频繁或不合适的反馈可能导致返工率上升。通过建立积极的反馈文化、明确反馈目标、定期反馈、良好的沟通技巧和技术工具的应用，可以降低返工率，提高工作效率和成果质量，并且确保反馈环对组织和个体的成长产生积极的影响。

增强流程中的"一键式"操作

在当今的高效社会中，人们一直在寻找各种方法简化工作流程。其中，"一键式"在许多领域都得到了广泛的应用，它将复杂的过程简化成单个动作，大大提高了效率和便利性。

"一键式"，通常是指通过一个按键或简单的动作就能完成一个复杂的任务或流程。在许多应用程序、设备和系统中都可以看到它的身影，例如手机应用程序、电脑软件和智能家居设备等。"一键式"操作能够显著提升企业的竞争力。

增强流程中的"一键式"操作是提高流程执行效率的强大工具，可以实现的核心功能有六个方面：①减少错误。由于"一键式"操作减少了工作过程中的人为交互和输入，因此能减少由于人为错误而导致的失误。②成本控制。通过自动化成本分析和控制，"一键式"技术有助于企业减少不必要的开支。③员工管理。使用"一键式"技术可以实现自动化招聘、培训和绩效管理等。④供应链管理。"一键式"技术可用于改进供应链流程，提高库存管理和交付效率。⑤合规性管理。使用"一键式"技术来确保遵守法规和政策，减少违规风险。⑥风险管理。用于监测潜在风险因素，并在必要时采取预防性措施。

由此可见，增强流程中的"一键式"操作在企业提升效率、减少错误、优化用户体验等方面都具有重要的意义。

然而，要增强"一键式"操作并不容易，可以通过以下方面展开：

（1）提高效率和便利性。通过"一键式"操作将复杂的流程简化成单个动作，不仅能显著提高工作效率，还能给用户带来极大的便利。

（2）自动化决策。"一键式"操作可以基于预定义规则和数据分析，自动做出决策，从而加速流程运行，减少人为干预。

（3）数据分析和预测。通过"一键式"操作可以轻松访问和分析大量数据，帮助企业做出更明智的决策和预测未来趋势。

（4）工作流程优化。"一键式"操作可以帮助识别并消除流程中的瓶颈和不必要的步骤，提高工作效率。

（5）用户体验改进。"一键式"操作可用于改进用户服务流程，使用户能够更快速地解决问题或获得支持。

"一键式"操作在许多流程中都可以提高效率和便利性。以下是一个详细的案例，说明了如何在企业资源计划（ERP）系统中实现"一键式"操作，以提高流程效率。

在一家大型制造公司的ERP系统中，员工需要定期处理大量的物料订单。然而，由于系统设计得复杂，每次创建新的物料订单都需要手动输入大量的信息，包括物料编号、数量、供应商等。这种操作不仅耗时，而且容易出错。因此，该公司决定引入"一键式"操作来改进这个流程。

开发人员为物料订单流程创建了一个"一键式"按钮。当员工点击这个按钮时，系统会自动加载上一次的订单信息，并允许员工在这些信息的基础上进行修改。员工只要对需要变更的信息进行修改，而不需要重新输入所有的信息。此外，系统还会自动验证输入的信息是否符合公司的规定，如数量是否超出预算等。

引入"一键式"操作后，该公司取得了以下成果：

（1）效率提高。员工创建物料订单的速度大大加快，因为他们不需要手动输入大量的信息。这使得员工能够更快速地完成任务，减少了工作积压。

（2）错误减少。由于系统会自动验证输入的信息是否符合公司的规定，因此减少了人为导致的订单错误。这降低了废品率和退货率，提高了客户满意度。

（3）节省时间。员工不再需要花费大量时间手动输入信息，而是可以将更多的时间用于分析数据和解决问题。这有助于提高员工的工作质量和效率。

（4）提升员工满意度。快速、高效的"一键式"操作减轻了员工的负担，提升了他们的工作满意度。这有助于降低员工流失率，提高员工士气和生产力。

可见，"一键式"操作能够显著提高流程效率和质量。然而，"一键式"操作并不局限于ERP系统，在其他领域和流程中也有广泛的应用，例如客户关系管理（CRM）系统、人力资源管理（HRM）系统等。在这些系统中，"一键式"操作可以简化数据输入、加快数据处理速度、提高决策的准确性和效率等。因此，"一键式"操作是一种功能强大的工具，可以显著提高各种流程的效率和便利性。

总之，增强流程中的"一键式"操作，可以在许多方面提高企业的效率、精确性和决策能力，从而为企业创造更大的价值。因此，企业应该根据自身实际情况，积极探索并实施"一键式"操作，以实现更高效、更快速、更精准的工作流程。

"SIPOC 高阶流程图"为流程创建可视化描述

SIPOC模型是一代质量大师威廉·爱德华兹·戴明提出的用于流程管理和改进的组织系统模型。

SIPOC 是由 Supplier（供应者）、Input（输入）、Process（过程）、Output（输出）、Customer（用户）五个单词的首字母组成的。戴明认为，任何一个组织都是由供应者、输入、过程、输出、用户等相互关联、互动的五个部分组成的（见图 6-1）。

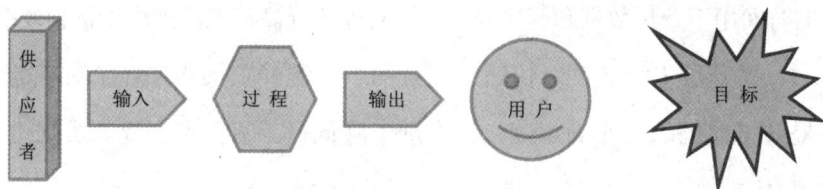

图6-1　SIPOC高阶流程图

SIPOC 高阶流程图为业务流程创建了更易理解的可视化描述，能帮助决策者以更广阔的视角审视可以优化的领域，便于决策者更好地给流程排序。

SIPOC 高阶流程图适用于深层次梳理流程。例如，一家面包店生产销售三明治，如果用普通流程图梳理，这只是一类非常不起眼的流程，包括进货（原材料）→生产→销售三个环节。但是，若用 SIPOC 高阶流程图进行梳理，该面包店的生产销售流程就得以深入剖析了，不仅能让流程更加完整，还能用图表的形式来帮助简化配料调试和三明治的流程准备，更确切地调整预算，并设定价格（见图 6-2）。

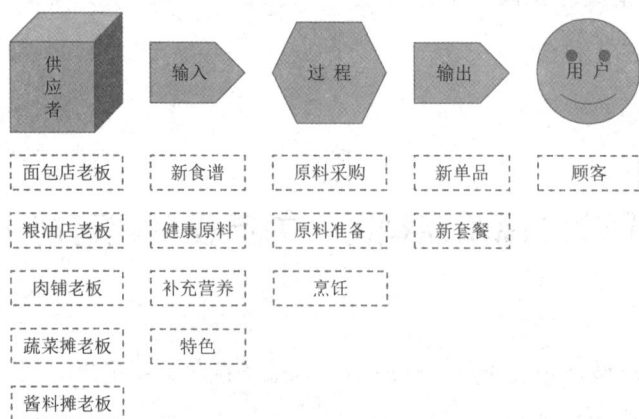

图6-2　某面包店运用SIPOC高阶流程图梳理三明治制作流程

注1：图中恰好呈现阶梯状，是巧合。

注2：用户虽然只写了"顾客"，但"顾客"的范围很广泛，既可能是终端消费者，也可能是供应者中的一员或者面包店内的人员（包含老板本人）。

通过上面的案例可以看出，SIPOC高阶流程图中的"高阶"并不是高端的意思，更不表示多么复杂，而是从广度来定义的，通过涵盖从供应链到销售整个环节确保对流程宏观的认识。

虽然图6-2呈现的是一家面包店三明治的制作流程，但并不表示SIPOC高阶流程图不能表现更复杂的流程。相反，SIPOC高阶流程图不仅可以表现非常复杂的流程图，还能将复杂的事情简单化，即在一张简单的图中展示出从输入到输出的跨职能活动。将原本需要很多板块共同呈现的流程浓缩为一张看似很简单的图，不仅极大提升了SIPCO高阶流程图的制作过程，还能在短时间内识别项目涉及的主要业务流程和相关职能，有助于团队执行过程的整体提效。以下具体讲述如何制作SIPOC高阶流程图。

第1步，建立图表。这一步的目的非常明确，即确定相应的供应者和输入，以及输出和用户（见表6-1）。

表6-1　SIPOC高阶流程图的建表

供应者	输入	过程	输出	用户

第2步，填充内容。

（1）用一块足够大的黑板，供团队成员讨论和罗列供应者、输入、过程、输出和用户，通过充分讨论，最后确定它们。

（2）从输入到输出的步骤不宜列得过细，只需用4～5个关键步骤来表达核心业务流程即可。

（3）团队集体讨论流程的输出：有哪些结果？应包括哪些内容？流程的输出点（或结束点）应该在什么地方？

（4）列出流程的输入，即流程的输入来自何处。

（5）列出提供输入的供应者，尤其要列出谁是关键的供应者。

（6）列出流程输出的用户，即谁是流程结果的用户（使用者）。

（7）列出用户的主要要求。

当进行完上述过程后，团队负责人与流程主管、倡导者以及其他相关方一起确认项目的 SIPOC 高阶流程图。下面，以某食品企业生产炸酱面的流程为例，看看如何制作更全面的 SIPOC 高阶流程图（见图6-3）。

供应者	输入		过程	输出		用户
供方	输入说明	输入要求（可选）		输出说明	输出要求（可选）	产出接受者
A加工厂	蔬菜	采摘两日内没有缺陷和异物			炸酱的糖分5%~7%	企业员工（对内）
B加工厂	猪肉	屠宰后一周内维持新鲜		炸酱面		
C加工厂	面粉	零异物				
D加工厂	食用油	零添加			炸酱面的弹性力10N/m~14N/m	广大顾客（对外）
E加工厂	糖	零异物				

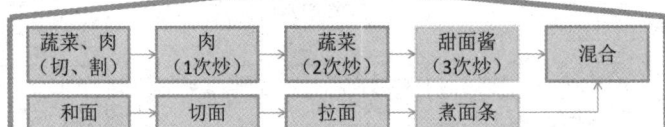

蔬菜、肉（切、割）→肉（1次炒）→蔬菜（2次炒）→甜面酱（3次炒）→混合

和面→切面→拉面→煮面条

图6-3　某食品企业生产炸酱面的SIPOC高阶流程图

第3步，检查图表。SIPOC 高阶流程图制作完毕不代表可以结束整个过程，还需通过进一步检查，确保流程图的合理性。为了检查 SIPOC 高阶流程图的合理性和可行性，可采取以下三种检验方式：

（1）如果在 SIPOC 高阶流程图中"过程"数量过多，则表示团队对过程的考虑过于详细了。过细的流程图将导致团队的视角变窄，容易忽略应在项目中考虑的跨职能合作问题。

（2）如果在 SIPOC 高阶流程图中的"过程"数量过少，则表示团队对过程的考虑过于简单了。简略的流程图将导致团队无法考量必要的细节，容易忽视对企业战略的呼应。

（3）如果 SIPOC 高阶流程图显示出需要对项目涉及的步骤、输出和输入进行重新确定，则意味着需要调整项目的范围。

通过 PDCA 循环改进项目流程

PDCA 循环也称"戴明环"，是一种持续改进的方法，可以应用于项目流程中，以确保项目的顺利实施并不断改进。该工具的名称中有"循环"，说明这是一项反复检查的工具，因此更加适用于反复运转的流程中。

运用 PDCA 循环进行流程改进的目的，是让流程执行者在执行过程中进行自检，这将极大提升流程执行的效率，也将助力未来流程的整体检查。进行流程自检的目的有二：①检查出执行过程中因个人原因造成的错误；②检查出流程设计本身潜藏的缺陷。

因为流程需要反复不断地运行，所以检查也应反复不断地进行，毕竟问题不可能一次性被检查出来。而且，流程每次运行还会因为各种内外部因素而引发新的问题，因而检查需要持续进行。虽然自检也不能保证执行得万无一失，但可以尽量靠近无差错。

PDCA 是单词 Plan（计划）、Do（执行）、Check（检查）和 Act（处理）的首字母组合。含义是将流程质量管理分为 P、D、C、A 四个阶段，并且将各项检查工作按照"做出检查计划→实施检查计划→检查实施效果→纠正具体错误"的顺序进行。检查进行完一次后，回到第一步再次开启循环进行检查（见图6-4）。

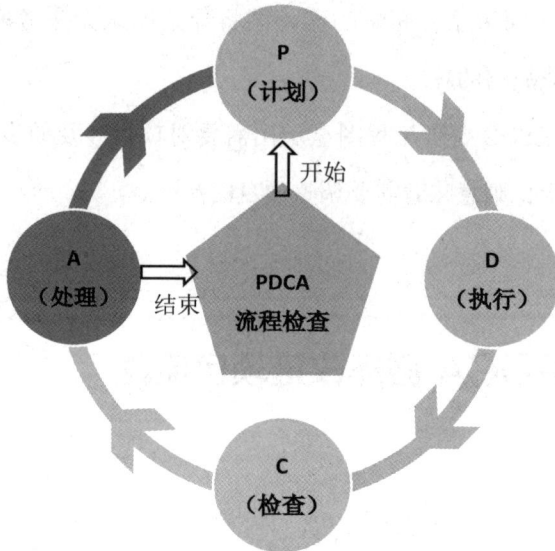

图6-4　PDCA循环

对图 6-4 解释如下：

P（计划）——对当前正在执行的流程制订检查计划，包括流程目标的确定、流程规划的制定等。

（1）定义项目目标和范围。明确项目的目标、范围和关键要求。

（2）制订计划。确定项目的详细计划、资源需求和时间表。

（3）确定关键绩效指标。明确定义可以用来衡量项目进展和成功的指标。

D（执行）——根据已知信息和已有资源检查具体实施的流程布局，再根据流程布局检查具体运作的过程。

（1）执行项目计划。按照制订的计划执行项目任务，监督项目进展。

（2）收集数据。在项目执行过程中收集关于进展、成本、质量等方面的数据。

（3）沟通和协作。确保项目团队之间的有效沟通和合作。

C（检查）——总结流程检查的效果，分辨检查结论中哪些是正确可继续执行的，哪些出现了不足需要改进，并且找到引发问题的关键因素。

（1）分析数据。对收集的数据进行分析，评估项目进展是否符合计划。

（2）检查问题和机会。识别项目中的问题和改进机会。

（3）评估绩效。比较实际绩效和目标，确定是否需要调整。

A（处理）——对检查后总结的结果进行处理，对正确的执行经验加以肯定，并予以标准化；对不正确的执行加以指出，并制定改正方法。

（1）制订改进计划。基于分析结果，制订项目流程改进计划。

（2）实施改进措施。采取必要的行动来解决问题和利用机会。

（3）继续监督。持续监测改进的效果，并确保项目流程的持续改进。

PDCA循环是一个连续的过程，需要定期重复，以确保项目流程不断改进并适应变化。因此，在一次循环执行完毕后，发现并纠正了一些问题，随即开启下一次循环，继续查找问题。

PDCA循环是一个前环连后环，大环套小环，不断循环、不断提升的流程查验方法。因此，我们总结出了该循环的两种常用检查模式，一种是螺旋上升检查，另一种是嵌套模式检查。

1.螺旋上升检查——不断循环、不断提高

如同爬楼梯，循环执行完成一次，对流程的查验就完成一次，流程的执行质量就提高一些。然后再进行下一次循环，再运转、再查验、再改进、再提高（见图6-5）。虽然每一次循环查验的内容与上一次循环查验的内容是相同的，但采用的具体方法或查验执行人可以不同，以便能从不同角度对流程进行检查，发现更隐蔽的不足。

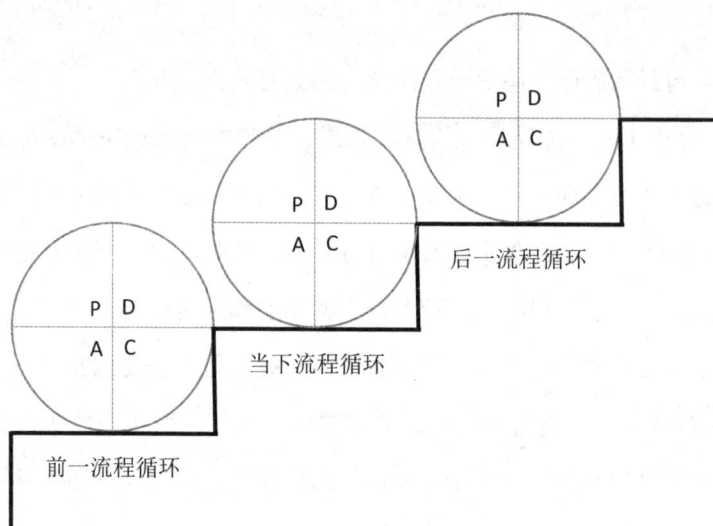

P D
A C

P D
A C
后一流程循环

P D
A C
当下流程循环

前一流程循环

图6-5　PDCA循环的螺旋上升检查

在图 6-5 中，PDCA 循环呈阶梯上升，每循环一次就可能发现一些流程设计或执行中的问题，在问题得到改进后，流程的质量就提高一些。

2. 嵌套模式检查——大环套小环，小环保大环

PDCA 循环作为流程查验方法，不仅要适应单体流程（一个流程）的查验，还要适应多体流程（多个流程）的查验。通常情况下，企业的流程设计都是多体的，有企业级别，有部门级别，也有小组级别，甚至精准到关键岗位级别。有时是某一个流程独自运转，有时是多个流程组合运转。当多个流程组合运转时，涉及的资源调动和执行人数很多，对流程的查验就更为重要，必须确保每一个流程都能得到优质执行，才能实现整体流程的全部实现。此时就需要多流程查验，即对所有被执行的流程进行查验，也就是嵌套模式检查（见图 6-6）。

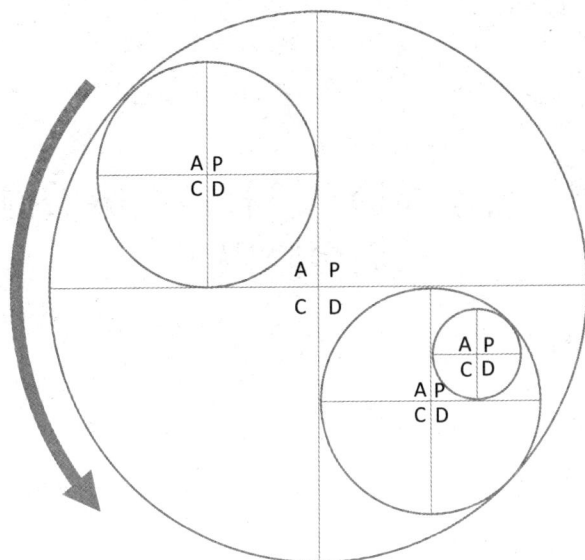

图6-6　PDCA循环的嵌套模式检查

　　在图 6-6 中，PDCA 大循环负责查验大级别流程，PDCA 中循环负责查验中级别流程，PDCA 小循环负责查验小级别流程。这种嵌套模式与流程的嵌套模式相符，因为在流程级别中也是大级别嵌套小级别。

第七章　技术穿透："技改"突破提效的后台障碍

许多企业在追求效率提升的过程中会遇到各种障碍，其中技术穿透是企业实现高效发展的重要保障。随着技术的不断进步和应用，企业能够更高效地执行任务、管理流程以及提供产品和服务，有助于提高生产力、降低成本，并在竞争激烈的市场中取得竞争优势。技术的威力在于它能够自动化重复性工作、优化资源利用、加速决策过程，从而使企业能够更快地应对挑战，实现突破性的效率提升。

利用数据分析和预测工具提前识别技术趋势

随着科技的不断发展，技术趋势的变化速度也在不断加快。对于企业而言，了解并提前识别这些趋势至关重要，一方面能帮助企业建立强大的技术壁垒；另一方面，也将有益于企业的整体效率提升。这正是数据分析和预测工具的价值所在，它们可以帮助企业深入洞察技术领域的动向，为未来做出明智的战略调整和决策制定提供支持。利用数据分析和预测工具来提前识别技术趋势，分为数据分析与识别技术趋势、预测工具与识别技术趋势两个部分。

1. 数据分析与识别技术趋势

数据是技术趋势的基础，它们有各种来源，包括市场数据、社交媒体、用户行为、研究报告等。这些数据可以包含关于新技术、市场需求、竞争对手和用户偏好的有用信息。通过收集、分析和解释这些数据，可以发现潜在的趋势和机会。

数据分析工具是帮助企业理解技术趋势的重要工具之一。通过它们可以处理大规模数据，并从中提取关键见解。以下是一些常用的数据分析工具。

（1）统计分析工具。如 Python 语言中的数据分析库，可以用来进行统计分析、数据可视化和模型构建，以识别潜在的技术趋势。

（2）文本分析工具。用于分析大量文本数据，如新闻报道、社交媒体帖子和客户反馈，以发现与技术相关的信息和趋势。

（3）机器学习工具。即机器学习算法，可以用来挖掘数据中的模式和趋势，从而预测未来的发展方向。

（4）网络分析工具。用于分析网络数据，如社交网络和互联网链接，以了解技术生态系统中的关键参与者和关系。

以上这些数据分析工具并非全部，但可以帮助企业深入了解技术领域中的数据，从而提前识别潜在的趋势。

2. 预测工具与识别技术趋势

除了数据分析工具，预测工具也是提前识别技术趋势的关键。这些工具通过使用历史数据和模型来预测未来的发展趋势。以下是一些常用的预测工具。

（1）时间序列分析。通过分析时间序列数据，可以预测技术趋势的未来走向，例如销售趋势、市场份额等。

（2）机器学习模型。可以根据历史数据来预测未来的事件和趋势，如产品采纳率、用户增长等。

（3）情景分析。通过创建不同的情景模型，可以评估不同决策对技术趋势的影响，以便制定策略。

（4）市场模拟。可以模拟不同市场条件下的技术发展，帮助企业预测未来的技术趋势与市场动态。

以上这些预测工具同样并非全部。它们可以为企业提供有关技术趋势未来发展的见解，从而帮助他们做出明智的决策。

字节跳动是一家中国科技公司，旗下最著名的产品是抖音。它之所以能够快速崛起，很大程度上得益于对数据分析和预测工具的利用，从而提前识别并抓住技术趋势。

以下是字节跳动利用数据分析和预测工具提前识别技术趋势的一些方法：

（1）大量数据分析。字节跳动利用其强大的数据处理能力，对用户行为、喜好和需求进行详细分析。通过观察用户的搜索历史、点击行为、评价反馈等，预测出用户可能感兴趣的内容，从而提前布局。

（2）机器学习和人工智能预测。字节跳动利用机器学习和人工智能技术对数据进行深度学习，以预测未来的技术趋势。例如，通过分析用户的行为模式和反馈，AI预测出未来的流行趋势，从而提前进行产品设计和功能开发。

（3）用户反馈和调研。字节跳动经常开展用户反馈和调研，以了解用户的需求和期望。通过这种方式可以及时调整产品策略，以满足用户的潜在需求。

（4）跨领域合作。字节跳动积极与其他公司和领域进行合作，以获取更多的数据和资源。例如，与音乐版权公司合作，以获得最新的音乐资源；与电商公司合作，以推出更多的电商服务等。

（5）全球化视野。字节跳动的产品和服务遍布全球，因此可以获得大量的用户数据和反馈信息。通过分析这些数据，得以了解不同国家和地区的文化差异和技术趋势，从而进行针对性的产品设计和推广。

总的来说，字节跳动使用数据分析工具监测竞争对手的动向，使用机器学习模型预测未来几年内新技术的采纳率，并利用情景分析工具来评估不同市场策略的效果。这些方法帮助该公司成功地提前识别并抓住了技术趋势，实现了快速发展。

在不断变化的科技领域，提前识别技术趋势对企业和创新者来说至关重要。数据分析和预测工具为企业提供了深入洞察技术领域的方法，帮助企业更好地理解数据、发现趋势并做出明智的决策。通过充分利用这些工具，企业可以更好地把握技术趋势，提前做出战略规划，保持竞争力，以应对不断变化的市场。

每一点技术积累，都有机会形成效能质变

技术在现代企业中扮演着至关重要的角色，而技术积累更是保障企业发展的关键因素之一。技术积累可以帮助企业提高运营效率和生产力，从而带来效能的质变。技术积累包括技术创新、流程改进、软件开发和硬件升级等方面的成果。

通过不断的技术创新和流程改进，企业可以优化生产和管理过程，提高生产效率和管理效能。例如，通过应用工业互联网和大数据技术，企业可以实现对生产过程的实时监控和数据分析，提高生产线的稳定性和可靠性，降低故障率，优化资源配置，降低成本。

技术积累还可以形成企业的知识库和经验库，为企业的持续改进和创新提供支持。这些知识库和经验库可以帮助企业更好地了解市场需求和竞争状况，为企业的发展和决策提供有力支持。

通过技术积累，企业可以改进其内部流程和操作，形成更高效的生产方式，降低成本，提高生产力。拥有丰富的技术积累可以帮助企业提供更具竞争力的产品和服务，有助于企业在市场上获得更大的份额和更高的声誉。

随着不断地积累技术经验和知识，企业有机会实现重大的效能质变，也就是从量变到质变的突破。这意味着企业可以涉足新的领域，推出创新性产品，或者实现其他重大的业务转型。

特斯拉是一家致力于电动汽车和可再生能源的公司，它的成功充分展示了技术积累如何引发效能质变。

特斯拉在成立初期，技术积累相对有限。然而，公司聚焦于电动汽车技术，并逐渐积累了电池技术、电机技术和自动驾驶技术，强大的技术积累最终引发了市场变革。特斯拉推出的 Model S 电动汽车，性能卓越，续航里程远超竞争对手，彻底扭转了人们对电动汽车的看法，特斯拉也因此成了行业的领头羊。

特斯拉并不满足于技术的暂时性领先，而是要确保长期领先。特斯拉从成立伊始就一直在不断地积累自动驾驶技术，通过在汽车中搭载传感器和 AI 系统，实现了半自动驾驶功能。这一技术积累使特斯拉汽车能够提供先进的自动驾驶功能，吸引了更多消费者。

此外，特斯拉不仅仅是电动汽车制造商，还积极投入可再生能源领域。他们收购了太阳能公司（SolarCity），并开发了屋顶太阳能电池板，使得特斯拉成为一个可再生能源领域的重要参与者，进一步提升了其市场地位。

如今的特斯拉早已不只是一家电动汽车制造商，而是一家综合能源公司，拥有丰富的技术和资源。他们的汽车不再仅仅是交通工具，更是能源存储和分配的一部分，这一变革彻底改变了整个能源产业。

特斯拉的案例，清晰地展示了技术积累如何在企业中引发效能的质变。特斯拉从最初的电动汽车制造商逐渐发展成为一家能够影响整个能源行业的巨头，他们的技术积累不仅提高了产品质量和性能，还改变了消费者的行为和市场格局。

在竞争激烈的商业环境中，企业必须认识到每一点技术积累都潜藏着机会，可以引发效能的质变。技术积累是一个积极的过程，为企业提供了不断发展和改进的机会。总之，通过不断积累和应用技术知识，企业可以创造出新的市场机会，提高竞争力，并在行业中取得突出地位。

研发效能是企业持续高质量交付的能力

在当今竞争激烈的商业环境中，企业必须不断创新，提供高质量的产品和服务，以满足用户需求并保持竞争力。在这个过程中，研发效能成为企业持续高质量交付的关键能力之一。

研发效能，是指企业在研发过程中如何有效地分配资源、管理项目、提高生产效率以及确保产品和服务的质量。涵盖了从创意和概念阶段到产品上线之后的整个生命周期。一个高度有效的研发部门能够更快地将新产品推向市场，降低成本，并在市场中获得竞争优势。

研发要做的不仅是利用新概念或新技术推出新产品，还要保证研发效能。对于任何企业而言，更好的用户体验和使用数据都代表着更高的业务价值。这就要求企业必须将交付作为核心业务价值之一，企业关注研发效能一定要在保证质量的前提下，思考如何更好更快地向用户交付价值，而不是只关注速度。

华为的发展过程被认为是中国由制造到创造发展历程的一个缩影。当下已经进入了从互联网转向高端智能制造过渡的一个关键阶段，研发创新是发展的必由之路。华为很早便已预见到了这一点，始终坚定不移地重视研发，华为每年有 10% 的营收作为研发投入，并运用集成产品开发（IPD）体系提升研发效率。

华为的 IPD 体系是通过市场管理流程实现对战略和规划的管理，具体是通过流程重整和结构化，将产品投资组合管理、客户需求驱动、市场管理流程和产品有效开发等方面，有机集成在一起，保证了高质量的研发投入，开发出可以满足用户需要的产品与解决方案。

IPD 体系作为一种集成产品开发模式有三大流程，充分体现了市场驱动、用户需求导向和规范指导的思想（见图7-1）。

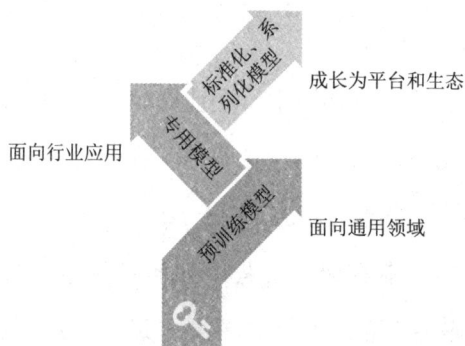

标准化、系列化模型
成长为平台和生态

面向行业应用
专用模型

预训练模型
面向通用领域

图7-1　IPD体系三大流程

研发效能的重要性体现在哪里呢？

麦肯锡对 440 家大型企业的技术高管做过深入调研，出具了《关于开发者速率（DVI）研究报告》。这份报告指出，DVI 指数高的企业，其总股东回报率较其他公司高出 60%，营业利润率高出 20%，并且在用户满意度、品牌知名度、创新性等方面都表现得更好。

企业只有足够重视研发效能，才能更好地构建以技术为主导的核心竞争力。如果业务侧持续投入，研发侧的价值交付没能跟上，势必会导致业务团队与研发团队的工作无法匹配，影响企业发展。

此外，互联网公司与其他领域的企业一样，都越来越重视人效，借助常用的人效指标，如任务完成率、有效工时利用率等提升人效。

因而，无论是从时代趋势、外部竞争，或是企业自身发展的角度来看，关注研发效能都刻不容缓。研发效能的重要性可以从以下三个方面具体呈现：

（1）提高市场竞争力。随着市场竞争的加剧，企业需要更快速地推出新产品以满足客户需求。高效的研发团队能够加速创新过程，缩短产品开发周期，从而更好地适应市场变化，提高竞争力。

（2）降低综合成本。研发效能的提高可以降低产品开发、生产和维护的成本。有效的资源管理、项目计划和质量控制能够减少浪费，确保每一笔投资都得到充分的回报。

（3）提高产品质量。高质量的产品是赢得用户信任和满足用户需求的关键。通过有效的研发流程，企业可以更好地控制产品质量，减少缺陷和问题，提供更可靠的产品和服务。

研发效能是企业持续高质量交付的关键能力。那么，有哪些方法能让这种关键能力得到有效发展呢？下面给出六个方法，仅供参考：

（1）制定清晰的目标和策略。企业应该确立明确的研发目标和策略，以指导团队的工作。这些目标应与企业的长期愿景和市场需求相一致。

（2）具备市场商业化导向。可以帮助企业更好地了解市场需求、把握市场趋势，提高研发效率和产品质量，从而提升企业的核心竞争力。

（3）投资于技术和培训。保持团队的技术竞争力至关重要，企业应投资于最新的工具和技术,同时提供培训和发展机会,以确保员工具备必要的技能。

(4)追求卓越的项目管理。有效的项目管理可以确保资源得到充分利用,并保证项目按时交付。

(5)实施质量控制和反馈机制。建立质量控制体系,并不断监测产品和服务的质量。用户反馈也是改进的重要来源。

(6)促进团队协作和创新。鼓励团队成员之间的协作和创新,可以激发和催生新的想法和解决方案。团队合作可以提高效率,确保项目按计划进行。

综上所述,只有不断追求研发效能的提高,企业才能在竞争激烈的市场中脱颖而出并保持领先地位。

最后来探讨一个问题:研发效能能量化吗?哪些量化指标值得关注?

如今,随着研发效能被广泛重视,研发效能的度量已经呈现出可量化的趋势。效能提升一定会带动其他维度的增长,比如用户满意度、生产效率、销售额等,所以研发效能可以通过一些延展的量化指标呈现。但是,由于效能的度量具有滞后性,要实现完全、精准的量化十分困难。同时,因为研发团队不同、成员不同,所以限制了研发效能套用"通用公式"的可能性。因此,对度量研发效能的企业,建议先从高难度、大方向的标准入手。在实现一定程度的效能水平提升后,再迭代式地探索精细化指标的度量和管理实践。

使用 ChatGPT 提升数据分析能力和效率

ChatGPT 是由 OpenAI 开发的一种人工智能模型，可以用于自然语言处理、语言翻译和对话生成等领域。使用一段时间后发现，ChatGPT 是能极大提高工作效率的工具。ChatGPT 不是专门为数据分析而设计的工具，但我们可以使用 ChatGPT 来提高数据分析能力和效率。

以下是一些使用 ChatGPT 提升数据分析能力和效率的方法：

1. 数据预处理

在进行数据分析之前，需要进行数据预处理，包括数据清洗、格式转换和缺失值填充等。ChatGPT 可以编写自定义脚本或代码，自动化这个过程。

ChatGPT 可以协助分析师编写规则和模式，以识别和处理常见数据问题。ChatGPT 还可以根据已有的数据自动生成训练集和测试集，帮助我们更好地进行机器学习和数据分析。

2. 数据可视化

数据可视化是将数据以图表或图形的形式呈现的过程。ChatGPT 可以生成数据可视化的代码，帮助我们生成各种类型的图表和图形，如折线图、柱状图、散点图和热力图等。使用 ChatGPT 生成的数据可视化图表，我们可以更直观地了解数据分布和关系，更好地发现数据中的规律和趋势。

一家健康保险公司需要创建一份关于患者健康数据的报告。数据分析师使用 ChatGPT 编写了一个简单的自然语言描述，指示模型生成特定的数据可视化图表，包括患者疾病分布和年龄分布，这样的报告更具吸引力和易读性。

3. 数据分析和数据解释

ChatGPT 可以进行文本挖掘、情感分析和主题建模等数据分析任务。例如，可以将 ChatGPT 应用于文本挖掘，从大量文本中提取有用的信息和观点；也可以将 ChatGPT 应用于情感分析，自动判断文本的情感倾向是正面的还是负面的；还可以将 ChatGPT 应用于主题建模，从大量文本中自动发现主题和关键词。通过使用 ChatGPT 进行数据分析，我们可以更快速、准确地得到分析结果。

有时候分析结果可能比较复杂，难以理解。在这种情况下，可以使用 ChatGPT 来帮助我们解释数据。ChatGPT 可以提供关于发生某种现象或趋势的解释，帮助我们更深入地理解数据。

4. 自动报告生成和自然语言查询

ChatGPT 可以生成数据分析报告的文本部分。我们只需提供数据和关键结果，模型可以帮助生成报告的文字描述，包括结果的解释、趋势分析和建议，可以大大缩短报告生成的时间。

运用 ChatGPT 时我们能够使用自然语言提出查询，而不需要编写复杂的代码或使用专门的分析工具。例如，我们可以询问："去年的销售额与今年的销售额相比如何？" ChatGPT 可以解释并反馈结果。

总之，虽然 ChatGPT 不是专门为数据分析而设计的工具，但我们可以使用它来提高数据分析能力和效率。通过使用 ChatGPT 进行数据预处理、数据可视化、数据分析和数据解释、自动报告生成和自然语言查询等，我们可以更快速、准确地得到分析结果，并更好地理解数据。

大模型成为 AI 的主要范式

AI 大模型已经成为人工智能领域的热点话题，引起了各行各业的广泛关注。

中国信通院云计算与大数据研究所所长何宝宏认为，大模型正在成为 AI 的主要范式。

为支持大模型等新技术的发展，华为等基础设施提供商正致力于搭建算力网络和智力网络，助力行业实现智能升级，帮助企业实现大模型在不同行业中的落地应用。

不可否认，大模型具有独特的理解、联想和假设思维能力，可以发现人类尚未知晓的新知识，也能够建立人类尚不具备的新知识库。企业不应简单地将大模型视为一种工具，而应将大模型视为一种新生产方式来运用。

大模型具有强大的泛化能力，已经开启革新生产力方式、重塑千行百业的历程。

2023 年 7 月，华为云发布了自主研发的"盘古大模型 3.0"。自此，每个行业、每家企业、每个人都可以拥有自己的专家助手，让工作更加高效轻松。

目前，盘古大模型在金融、制造、医药、煤矿、互联网等诸多行业发挥着巨大作用。华为云与合作伙伴持续开放合作，推动大模型真正成为行业转型升级的关键引擎，服务千行百业。

加速行业大模型落地是千行百业共同的选择，随着大模型落地的日渐深入，越来越多的企业意识到，大模型必须落地到垂直业务场景。要实现这样的落地并不容易，需要各行业在算力基础上探索出融合核心业务场景的大模型解决方案，并结合行业数据进行连续优化。

华为云一方面为用户提供极致算力；另一方面，积累了大量不同垂直领域的经验，这种平台与场景的良性互动，推动了大模型产业的进步。

知乎 CTO 李大海表示，大模型是面向未来非常重要的技术变量，可以帮助知乎等互联网企业从产品、内容等各方面提升效率，构建更好的内容生态、用户体验。知乎基于大模型快速实现了多个产品的创新迭代，如搜索聚合、热榜摘要、公考择业问答等产品，通过智能客服、智能打标、AI作图等功能实现内部能力的整体提效，显著提升了内容体验，构建出更优质的用户社区。

经过上述分析和阐述，我们知道大模型在研发设计、算力支持、应用落地等方面的技术优势和巨大潜力，读者可以从不同角度和层面了解大模型的发展现状和未来趋势。

第八章 生态群落：基于整体协同构建闭环系统

基于整体协同构建生态群落型组织，旨在促进各组织之间、组织成员之间的协作和资源共享，力争实现组织内部与外部的闭环。生态群落型组织通常建立在共享价值观的基础上，所有成员都认同并致力于践行这些价值观，以及通过合作实现更大的影响。

赋能机制在组织内的逐级传导和叠加增强

在当今不断演化的商业环境中，组织必须适应快速变化和不断涌现的挑战。为了实现持续增长和竞争优势，许多组织已经开始采用赋能机制来打造生态组织。在现代组织中，赋能机制是实现卓越绩效和提高员工满意度的重要工具。因此，赋能机制不仅有助于组织更好地适应变化，还可以促进创新、提高效率和增强可持续性。且赋能机制可以通过逐级传导和叠加增强，对组织产生深远的影响。

赋能是指为员工提供资源、权力和支持，以便他们更好地履行工作职责，做出决策，并实现个人和组织目标。赋能机制包括清晰的目标设定、培训和发展、决策权下放、信息透明度等，有助于激发员工的创造力和责任感。

1. 赋能机制在组织内的逐级传导

逐级传导，是指赋能机制从组织的高层传导到底层，需要领导层的积极参与和承诺，确保赋能政策得以贯彻执行。领导者应当建立明确的目标，并与下属分享决策权和资源，以支持他们在工作中取得成功（见图8-1）。

明确愿景和目标	设定清晰的指导原则	培训和发展	建立信任文化	制定明确的权责清单
领导层需要明确愿景和战略目标，以确保赋能机制的传导与组织的长期愿景一致	设定明确的赋能政策和原则，定义哪些权力和资源可以在各级别传导，以及如何进行传导	为各级别的管理层和员工提供培训和发展机会，以提高他们在赋能方面的能力和意识	应鼓励开放沟通、诚信和共享，以增强员工和管理层之间的信任	各级别的管理层和员工都应有明确的职责和权力清单，以确保他们了解自己可以做出的决策和应承担的责任

图8-1　赋能机制在组织内逐级传导的方法

下面，以一家零售公司为例，说明赋能机制在组织内逐级传导的具体应用。

第1步，高级管理层赋能。首先，高级管理层明确了公司的长期战略目标，如提高客户满意度、扩大市场份额等。其次，高级经理将权力下放到区域经理和店经理，允许他们制定和执行与地区市场相关的策略。

第2步，区域经理赋能。区域经理被赋予权力，可以自主决定其区域内的产品定价、促销策略和库存管理。此外，区域经理也有预算控制的责任。

第3步，店经理赋能。店经理有权力管理店内的员工和运营，可以制定员工排班、管理库存和解决客户问题。

第4步，员工赋能。即使在店内，员工也被赋予权力，可以主动满足客户需求，提供个性化的服务，而不必等待高级管理层的指示。

通过这种赋能机制的逐级传导，这家零售公司可以更快速地适应不同地区的市场需求，提高用户满意度，并在竞争激烈的零售行业中取得竞争优势。

2. 赋能机制在组织内的叠加增强

叠加增强，是指赋能机制不断积累和改进，以提高组织整体绩效。它可以进一步提高组织内部的赋能水平，促进更高效的决策制定和执行（见图8-2）。

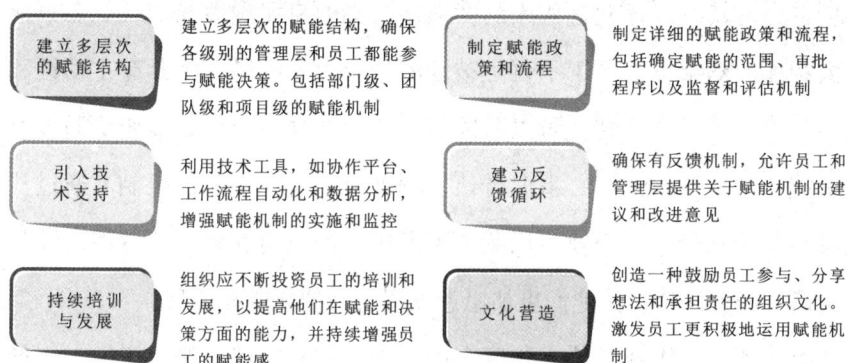

建立多层次的赋能结构	建立多层次的赋能结构，确保各级别的管理层和员工都能参与赋能决策。包括部门级、团队级和项目级的赋能机制	制定赋能政策和流程	制定详细的赋能政策和流程，包括确定赋能的范围、审批程序以及监督和评估机制
引入技术支持	利用技术工具，如协作平台、工作流程自动化和数据分析，增强赋能机制的实施和监控	建立反馈循环	确保有反馈机制，允许员工和管理层提供关于赋能机制的建议和改进意见
持续培训与发展	组织应不断投资员工的培训和发展，以提高他们在赋能和决策方面的能力，并持续增强员工的赋能感	文化营造	创造一种鼓励员工参与、分享想法和承担责任的组织文化。激发员工更积极地运用赋能机制

图8-2　赋能机制在组织内叠加增强的方法

下面，以一家创新科技公司为例，说明赋能机制在组织内叠加增强的具体应用：

第1步，部门级赋能。建立部门级的赋能机制，使每个部门能够自主决策和执行项目。例如，研发部门可以自主选择项目的优先级和技术路线。

第2步，团队级赋能。在部门内，各团队也被赋予权力，以自主决策如何分配资源、安排工作和解决问题。

第3步，项目级赋能。项目组可以自主制定项目计划、预算和目标，并采取适当的行动。

第4步，技术支持。公司引入协作平台，允许员工在线协作、共享文档和跟踪项目进展。这些工具可以帮助加速决策制定和项目执行。

第5步，培训和反馈。公司定期为员工提供技能培训，并鼓励他们提供有关赋能机制的反馈，有助于不断改进赋能政策和流程。

通过在不同层次叠加增强赋能机制，这家创新科技公司实现了更高水平的自主决策和创新，提高了项目交付的速度和质量。

此外，事业合伙人制度有助于组织建立赋能机制。首先，事业合伙人制度的核心是共享利益和共同成长。通过让员工成为事业的参与者，他们能够更好地理解企业的愿景和目标，并形成共鸣，进而激发员工的积极性和创造力。其次，事业合伙人制度强调员工的自我发展和成长。在事业合伙人制度的框架下，员工不再是被动的执行者，而是成为具有主动性和创造性的参与者，这种转变可以激发员工的内在动力，促使他们不断提升自己的能力和素质。最后，事业合伙人制度有助于建立赋能机制。通过让员工参与决策和管理，企业可以赋予他们更多的权力和责任，进而增强员工的自信心和责任感，使他们更加愿意发挥自己的才能和智慧。

综上所述，事业合伙人制度有助于组织建立赋能机制，激发员工的积极性和创造力，促进企业的持续发展和成长。

自主改变资源组合的配给和优化

自主改变资源组合的配给和优化，是企业在面对多变的市场环境时，为实现资源的有效利用和提高竞争力而采取的重要策略。

企业资源组合，指的是一家企业所拥有和利用的各种资源的集合，包括但不限于资本、人力资源、技术、设备、品牌资产和知识资产等。这些资源是企业运营和发展的基础，它们的组合方式和分配对企业的成功至关重要（见表8-1）。

表8-1　资源组合的特性

资源组合的特性	详细解释
资源的广泛性	包括各种不同类型的资源，涵盖物质性和非物质性两方面，如金钱、员工技能、专利权和品牌价值等
资源的有限性	资源并不是无限的，因此，企业需要谨慎管理和分配资源，以确保资源能够最大化地支持业务目标
资源的相互关联性	不同资源之间存在相互关联性，它们之间的组合和配比可以对企业的绩效产生重大影响。例如，拥有先进的技术可能需要高素质的员工来加以利用

随着市场条件的变化，企业需要能够快速调整其资源组合，以适应新的需求和机会。通过有效组合和优化资源，企业可以获得竞争优势，包括成本优势、创新能力、市场份额和品牌声誉等方面的优势。并且，有效管理资源可以确保资源的最大化利用，有助于降低成本、提高效率并增加利润。

同时，资源组合与企业战略密切相关，确保资源与战略一致可以帮助企业实现目标。通过合理分配资源，企业可以推动新产品开发和市场扩展，实现符合战略预期的效益增长。

此外，资源组合具有动态性。企业资源配置必须随着不断变化的挑战与机会灵活变化。企业在怎样的情况下，应主动对资源组合进行优化？

（1）市场变化。市场条件经常发生变化，包括用户需求的变化、竞争态势的演变、法规和政策的调整等。这些变化都要求企业重新调整其资源配置，以满足新的市场需求。

（2）技术进步。技术的快速发展可以改变产业格局，企业需要不断升级和调整其技术资源，以保持竞争力。

（3）新兴机会。新兴市场和新的商业机会可能会在不同的时间点出现，所以企业需要迅速投入资源，以抓住这些机会。

（4）竞争压力。竞争对手不断创新和进化。为了保持竞争力，企业需要调整资源以应对竞争压力，提供更好的价值和产品。

（5）经济周期。不同的经济周期需要不同的资源配置策略。在经济增长期间，企业会提高生产能力；在经济衰退期间，企业则需要削减成本。

（6）战略调整。企业的战略会随着时间的推移发生变化。当战略调整时，资源配置也必须进行相应调整，以支持新的方向。

（7）成本效益。资源组合的改变可以帮助企业降低成本或提高效率。通过精简流程或采用更有效的技术，企业可以更好地管理资源。

（8）风险管控。企业需要能够快速调整资源以应对不同类型的风险，例如供应链中断或自然灾害等。

综上所述，资源组合的动态性意味着企业必须随时准备应对变化，并具备适应新条件的能力。这需要企业以正确的方式主动改变资源组合，以确保资源的最佳利用和业务的可持续发展（见表8-2）。

表8-2 企业自主改变资源组合的步骤

步骤	名称	解释	备注
第1步	资源识别	明确企业拥有哪些资源，包括人力、时间、物资和预算等，以及资源的数量、质量和属性	资源识别不仅有助于企业了解自身的优势和劣势，还为后续的方案制定提供了依据
第2步	需求分析	对企业的内外部需求进行全面分析，包括用户需求和系统需求等	了解用户需求，明确市场和用户需要的产品或服务，从而更好地调整资源组合；系统需求分析可以帮助企业了解资源的可用性和局限性，避免资源浪费和不足
第3步	方案制定	根据资源情况和需求分析的结果，制定出具有可操作性的实施方案	方案制定应考虑资源的分配、组合和优化，以提高企业的生产效率和质量。方案也应具有灵活性，能够根据市场变化进行快速调整
第4步	实施优化	在方案实施过程中，根据实际情况和反馈意见，不断调整方案，使资源组合达到最佳效果	实施优化包括对资源的分配、调整和替换，以及在实施过程中发现问题并及时解决

步骤	名称	解释	备注
第5步	评估反馈	方案实施一定周期后，根据预定评估指标，对方案效果进行评估和反馈，以便对后续改进提供参考	评估反馈可以帮助企业了解方案的实际效果，发现存在的问题和不足，并为方案的持续改进提供依据
第6步	维护拓展	对方案实施过程中出现的问题和风险进行维护和拓展	维护包括解决实施过程中的问题、确保方案的稳定性和可靠性；拓展则涉及对方案进行升级、更新和改进，以适应不断变化的市场环境和企业需求
第7步	风险管理	对可能出现的风险和障碍进行分析和管理，并制定应对措施，确保方案实施顺利	风险管理应包括风险识别、评估、应对和监控等环节，以便及时发现并解决潜在问题
第8步	持续改进	不断调整和优化资源组合，确保方案始终处于最佳状态，并能适应不断变化的市场环境	持续改进应关注市场动态和反馈，以及技术的不断进步和发展趋势，从而使企业在不断变化的市场中保持竞争优势

总之，自主改变资源组合的配给和优化是一个复杂而重要的过程，需要企业全面考虑各个方面。通过资源识别、需求分析、方案制定、实施优化、评估反馈、维护拓展、风险管理和持续改进八个步骤执行，企业可以有效地提高资源的利用效率、增强自身的竞争力和适应能力，从而实现长期稳定的发展。

自组织与自适应联动的生态型组织

在当今不断变化和复杂的商业环境中，组织需要不断进化和适应以保持竞争力。自组织与自适应联动的生态型组织成了应对这一挑战的有效模式。

1. 生态型组织的概念

生态型组织是一种以自组织和自适应为核心特征的组织形式。它借鉴了自然生态系统的原理，将组织视为一个动态和可自我调节的生态系统，能够适应外部环境的变化。生态型组织的主要特点包括四个方面：

（1）自组织性。生态型组织鼓励分散的决策和自主性行动。员工在组织内有更大的自由度，能够根据形势和需要做出决策，而不是严格依赖层级管理。

（2）自适应性。生态型组织具备自适应的能力，能够快速响应外部环境的变化，能够灵活地调整战略、流程和结构，以适应市场需求和竞争压力。

（3）去中心化。生态型组织通常不强调传统的层级结构，而是鼓励分布式决策和协作，有助于提高组织的敏捷性和创新性。

（4）开放性。生态型组织倾向于与外部世界建立更开放的联系，鼓励与外部利益相关者合作，以获取新的想法和资源。

2. 自组织与自适应的协同作用

自组织和自适应是生态型组织成功的两个关键元素。它们之间存在着协同作用，即自组织和自适应是相互作用的。

一方面，自组织支持自适应。自组织能力使员工更灵活，能够自主决策和行动，有助于组织更好地适应快速变化的环境，因为员工可以更快地做出反应，找到解决问题的方法。

另一方面，自适应推动自组织。自适应性意味着组织能够根据环境变化做出战略性调整，这些调整需要自组织的能力。

这种协同作用不仅可以帮助组织更好地应对外部挑战，还能在竞争中长期保持内部的敏捷性和高效率。

3.生态型组织的优势

生态型组织具有多个优势，使其成为适应不断变化的商业环境的有力工具，具体包括以下四个方面。

（1）更快的决策速度。自组织和自适应的特性使组织能够更快地做出决策，因为不需要等待层级批准。

（2）更强的创新机制。员工有更大的自由度来提出新想法和解决方案，从而推动创新。

（3）更好的员工满意度。生态型组织通常更注重员工的参与和自主权，可以提高员工的满意度和忠诚度。

（4）更全面的适应性。生态型组织能够更好地适应不断变化的市场需求和竞争压力，从而更持久，也更有力。

4.生态型组织的资源配置与使用

相对于非生态型组织的资源配置与使用，生态型组织会根据其战略目标和商业模式来寻找、获取并配置各种资源，包括人力、物力、财力、技术、信息等。这些资源在企业的运营中发挥着不同的作用、满足不同的需求，是企业实现其目标的重要工具。

然而，这些资源并不一定为企业所拥有。企业可以通过多种方式获取和使用资源，而无须将所有的资源都纳入企业。例如，企业可以通过租赁、借用、合作等方式获取所需的资源，而无须进行大规模的投资或承担拥有这些资源的责任。

这种"资源为我所用，但不为我所有"的观念具有三个优点：①帮助企业灵活地适应市场变化，快速响应市场需求；②降低企业的风险和成本，通过不拥有资源，企业可以避免承担与这些资源相关的风险和成本；③促进企业与其他企业和机构的合作和交流，通过分享资源，共同实现商业目标。

　　生态型组织，并非一蹴而就，需要结合企业的实际情况进行统筹规划。虽然企业的情况各不相同，但一些关键步骤是相通的（见图8-3）。

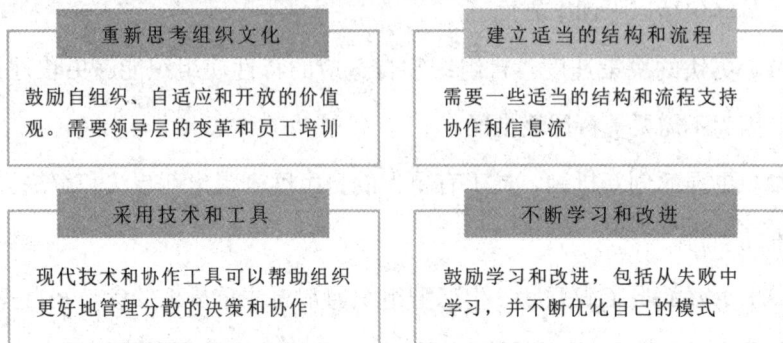

重新思考组织文化	建立适当的结构和流程
鼓励自组织、自适应和开放的价值观。需要领导层的变革和员工培训	需要一些适当的结构和流程支持协作和信息流
采用技术和工具	不断学习和改进
现代技术和协作工具可以帮助组织更好地管理分散的决策和协作	鼓励学习和改进，包括从失败中学习，并不断优化自己的模式

图8-3　实现生态型组织的通用环节

　　自组织与自适应联动的生态型组织是应对当今不断变化和复杂的商业环境的一种有效方式。它结合了自组织和自适应的特性，使组织更具灵活性、创新性和适应性。自组织和自适应也为生态型组织的高效率打下了坚实的基础，通过正确的方式，组织可以借助这一模式，保持竞争力并在不断变化的市场中蓬勃发展。

更柔性、更高效地匹配市场变化的阿米巴组织

　　在创办京瓷之初，稻盛和夫认为必须确立正确的"管理哲学"，并让员工适应制度。但在经历了最初的困难期后迅速调整，稻盛和夫意识到必须建立正确的"经营哲学"，让全体员工共同拥有这种哲学思想。同时，还必须建立能够及时准确掌握基层组织经营状况的独立核算制度。

　　于是，公司被细分成若干个"阿米巴"，从内部选拔阿米巴领导，并委以经营权力，培养出了许多具有战略性经营意识的领导者，即经营伙伴。

稻盛和夫将员工称为经营伙伴，将公司改称为"超级阿米巴"。

"阿米巴"是变形虫"Amoeba"的中文译音。作为生活在自然界的一种变形虫，它的最大特点是能够随着外界环境的变化而变化，不断地通过自我调整来适应所面临的环境。将企业看作"阿米巴"，就意味着无论外部环境如何变化，企业都要具有不断调整自己并适应新环境的能力。

阿米巴组织最初由日本企业家本田宗一郎引入，其核心思想是将组织分解成小型自治单位，每个单位被赋予决策权和财务责任，类似于"小企业"。这些小单位（阿米巴）通常由跨职能的团队组成，他们追求共同的目标，并通过共享资源和信息来合作。

在阿米巴经营模式下，全体员工都要承担指标任务，都要参与经营，以此来发挥全体员工的积极性和创造性。比起靠创始人一个人或创始团队少数人的企业，阿米巴组织确实更具柔性和更高效，是非常理想的经营管理体制。

海尔企业的"自主经营体"模式，使每一位员工都转变为了"微型自主经营体"。员工视自己为自主经营、自负盈亏的"小公司"，集团为每一个"微型自主经营体"设计了一张财务报表，即"微型自主经营体损益表"，上面将每个人的支出与收入清楚列出，通过具体数字来反映员工的工作状态。

员工必须对自己负责，并对自主经营的整个流程进行控制，争取在周期内实现利润突破。对连续两个周期亏损的"微型自主经营体"，集团就要做出人员调整。

海尔集团在成为"自主经营体"后，企业功能发生了转变，其内部搭建起创业孵化平台，将原来只负责执行命令的员工转变为企业的动态创业合伙人。这条"创客链"更加彻底地打破了企业边界，在形成的满足用户需求的生态圈中，通过与各平台的合作协调，各类优质资源被源源不断地输送到以自组织、自管理方式形成的"小微单元"。

目前，海尔集团共形成了2000多个自主经营体，通过小经营单元带动了自身大生态圈的活力。这正是阿米巴经营模式的精髓所在，即"小前端＋大平台＝富生态"。

阿米巴组织更具柔性和更高效率，原因在于其独特的管理模式和组织结构，赋予了组织高度的适应性和灵活性。阿米巴组织更具柔性和更高效的一些关键因素有：

（1）分权决策。阿米巴组织的核心是将决策权下放到各个小单位，使他们能够更快速地做出决策。这意味着企业高级管理层需要相信并支持这种分权模式，同时为各小单位提供必要的培训和资源，以确保他们能够做出明智的决策。

（2）资源调配。阿米巴组织需要具备灵活的资源配置机制，以便根据市场需求的变化进行调整，包括人员、资金、设备等资源的调度，以确保每个阿米巴都能够满足其责任范围内的需求。阿米巴组织允许资源在各个单位之间进行分散配置，以确保资源可以被精确地分配给最需要者，避免了资源的浪费和不必要的库存，有助于降低成本并提高效率。

（3）信息共享。阿米巴组织鼓励信息共享和沟通，确保每个阿米巴都能了解市场变化和其他阿米巴的活动。这种透明度既有助于组织更好地协调行动，以迅速适应市场变化；也有助于减少重复工作，提高整体效率。

（4）目标设定。阿米巴组织通常将目标设定在小规模的单位内，使得目标更容易调整和重新定义，企业和各阿米巴都可以更快速地适应市场需求和变化的情况。

（5）目标分解。阿米巴组织通常将大型目标分解成小型单位的目标，每个阿米巴专注于达成自己的目标。这种目标分解和专注有助于提高工作效率，因为每个阿米巴可以更专注地追求自己的任务，而无须同时处理多个任务。

（6）绩效评估。阿米巴组织通常采用分散的激励和绩效评估机制，以激励各个单位取得良好的业绩。奖励可以是财务奖励，也可以是非财务奖励，如升职。员工可以看到自己的工作对整体目标的实现产生了直接影响，鼓励员工更努力地工作。

（7）灵活适应。阿米巴组织具有灵活性和分散性，能够更好地适应市场变化和需求波动。快速调整资源和战略，以应对新的机会和挑战，这在竞争激烈的市场中非常重要。

（8）文化沟通。阿米巴组织的成功需要培养一种开放的文化，共同努力解决问题和应对挑战，这种文化既有助于快速地传递知识和解决问题，也有助于减少重复工作，提高了整体效率。

阿米巴组织之所以更具柔性，也更加高效，是因为它采用了一种分散的、基于小单位的管理方法，允许组织更灵活地适应变化的市场环境。然而，阿米巴组织的柔性也需要时间和努力来建立，因此，需要企业领导层的坚定承诺和员工的积极参与。

一些企业虽然实施了阿米巴经营模式，但因为各种问题，并未达到更柔性、更高效匹配市场变化的目的。这就要求企业做出改进，以便让阿米巴组织对市场变化做出及时、准确的反应，提高企业的竞争力和适应性。

组织的权力模式应是"共享式＋软约束"

如何让企业中的每个人都感到受重视、被信任，进而产生责任心和参与感，使得整个企业同心同德，人人都能发挥所长，组织良性运转，具有新鲜的活力，整体效率始终保持在高点？答案应该有很多种，授权肯定是其中一个。

授权具有严格的管理学内涵，西方管理学者将其称为 Delegation of Authority。授权允许下属自主做出决策，即将权力从组织中的一级向下移交至另一级。

授权并非一蹴而就，也不是说一句"这件事交给你"就可以实现的。授权需要授权者与被授权者双方密切地合作，彼此了解权力范围和决策、执行权限，并在整个授权的过程中不断沟通。授权者对于被授权者有分派任务和监督执行的权力，被授权者对授权者负有定期报告和完成任务的责任。同时，授权者必须保留监督和再分配的权力，以便在被授权者出现不可原谅的错误时，随时取消其执行资格。采用这种授权模式的组织，其权力构成就具备了"共享式"的基础。

在授权过程中，授权者必须做好授权准备，让被授权者既能以企业经营整体战略为依据行使被赋予的权力，又能在被授权者自己的权限范围内依照自己的想法和方式去处理事情。

授权者也必须做好心理准备，因为被授权者在执行过程中可能会出现各种各样的错误，甚至会出现超权限执行的问题。此时授权者要做的是帮助被授权者重新回到正轨上，而不是简单地批评与处罚。只有在确认被授权者确实无法完成被授权的任务时，才能做出撤销授权、重新授权他人的决定，但由此产生的后果也不应由被授权者单方面承担，因为授权出现问题的主要责任在授权者，被授权者只是被动接受的一方。

授权者还必须做好随时介入的准备，在必要的时候及时向被授权者提供支持和帮助。这一项是任何授权状态下都不可避免的，授权者不能在授权后当"甩手掌柜"，而是要作为被授权者的坚强后盾，不需要出手时保持缄默，需要出手时及时相助。授权者和被授权者应是合作关系，双方同心协力将事情做好，只是过程中权力分配不同而已。采用这种授权模式的组织，其权力构成就具备了"软约束"的基础。

要想在授权过程中让组织的权力模式始终保持"共享式＋软约束"，需要怎样做呢？

1. 授权的三大要素

授权行为的三大要素分别是：工作指派、权力授予和责任创造。

"权力授予"与"工作指派"之间应是怎样的关系？所授予的权力应以刚好能够完成指派的工作为限度，这也是"以完成工作为最终目的"的权力授予原则的体现。

工作指派应避免两个误区：①只让下属获悉工作性质和工作范围，未让下属明确所要求的工作绩效，导致下属对工作绩效不了解，缺乏目标；②缺乏对授权的充分认知，将不该让下属完成的工作也分配给了下属。

权力授予最主要的问题是适度，如果授予的权力不足以支持工作完成的需要，则指派的工作便难以完成，授权将丧失意义；如果授予的权力超出了工作完成的需要，则可能导致下属滥用权力，授权将带来负面作用。

在进行工作指派和权力授予后，授权者仍然对被授权者所履行的工作绩效负有全部责任，这就是管理上所谓的"授权不授责"。当被授权者无法做好指派的工作时，授权者将与被授权者共同承担后果。

2. 授权的四种方法

不同的授权方法会产生不同的效果，试图授权的上级应对主要的授权方法了然于胸。授权的方法按照不同的维度，有不同的划分标准。按照授权受制约的程度，授权的方法有下面四种：

（1）充分授权。授权者在向被授权者指派工作时，并不明确赋予被授权者具体的权力，而是让被授权者在授权者权力许可的范围内，自由、充分地发挥其主观能动性。这样等于授权者将自己的大部分权力都下放给被授权者。

（2）不充分授权。授权者在向被授权者指派工作时，赋予其部分权限。根据授予被授权者权限程度的大小，又可分为五种：①让被授权者了解情况后，由授权者做出最后决策；②让被授权者提出详细的行动方案，由授权者最后选择；③让被授权者提出详细的行动计划，由授权者审批；④让被授权者采取行动前及时报告授权者；⑤让被授权者采取行动后，将行动的结果报告授权者。

（3）弹性授权。综合充分授权和不充分授权两种形式而成的一种混合的授权方法。这种授权方法是根据工作的内容将被授权者履行职责的过程划分为若干阶段，在不同的阶段采取不同的授权方法。

（4）制约授权。授权者将职责和权力同时委托和分派给几个不同的被授权者，以形成下属之间相互制约的关系。

3.授权的五项注意

在试图了解一个概念时，知道"它是什么"只是旅程刚到中点，另一半路程必须知道"它不是什么"。那么，授权不是什么呢？

（1）授权不是参与。参与只是员工对决策形成产生影响的一种形式，最多算是决策参与。授权是决策权下移，授权者向被授权者拟定目标之后，由被授权者选择到达的途径，即制定决策和实施执行。

（2）决策不是弃权。许多失败的"授权"其实是"弃权"。上级把任务推给下属，并未清楚阐明下属应该做的具体工作和自主决策的权限范围，没有限定任务完成的时间，更没有事先确定绩效评估的标准。授权意味着一种管理方式和工作方式的转变，授权之后的授权者仍享有职权，并对授出的职权负有责任。

（3）授权不是授责。失败的"授权"一个很明显的特征就是连同责任也一并授出去了。一些上级在把工作交给下属后，会产生一种"终于可以松口气"的感觉，就是连权带责一并授出的状态。其实，授权之后授权者肩上的担子不是减轻了，而是加重了，因为授权带来的是工作内容的扩展，授权者对所有工作（授权的和未授权的）都负有同样的责任。

（4）授权不是分工。上级恰当地为下属进行分工，是将工作任务合理切割的过程；授权是授权者和被授权者有上下级的监督和报告关系。

（5）授权不是职务代理。代理职务是在某一特殊时期，依法或受命代替某人执行其任务，代理期间，代理者相当于被代理者的职位，是平级关系。授权是授权者委派给被授权者一定的权力，使被授权者在一定的监督之下有相当的自主权和行动权，是上下级关系。

4. 授权的六大要点

任何的管理，包括授权，不仅需要通晓"他应该怎样去做"，还应知道"他怎样做会有更好的效果"。授权过程中的要点如下：

（1）明白授权的必要性。管理者的绩效不是用本人的专长来衡量的，而是要看他们是否充分发挥了下属的能动性。

（2）了解下属的能力。优秀的授权者不是依据下属的技术和当下表现出的能力来分派职务，而是以下属的工作动机和潜在能力做出授权决定。

（3）事先确立绩效评估标准。在授权的同时把绩效评估的标准订立出来并公之于众，有利于协助授权者和被授权者双方适时地衡量工作的成果。

（4）协调一致的授权。由最高主管开始做起，一直推行到基层。且每一级管理人员都必须具备容错性和错误解决能力，企业也必须准备为这类错误付出代价，作为全体员工追求进步的成本支出。

（5）让被授权者明白该达成的结果。在被授权者前方树立一个具有诱惑力而又清晰可见的目标，并要求被授权者把行动计划写出来。

（6）给予适时的帮助。授权者对被授权者负有的责任包括两个部分：①监督被授权者达到预期成果；②在被授权者需要帮助的地方，应随时提供协助。

5. 授权的七条原则

授权的范围通常是用人之权、用钱之权、做事之权。不管是哪种授权，总是存在一些共同的准则可以遵循。

（1）有目的授权。授权应以组织的目标为依据，即只有为实现组织目标所需的工作，才能设立相应的职权。

（2）视能力授权。人员配备作为授权系统至关重要的一部分，要根据待完成的工作来选人。

（3）权责相应授权。为避免发生有权无责或权责失当的现象，授予多大的权力，就必须负有多大的责任；要求负多大的责任，就应该授予多大的权力。

（4）逐级授权。授权应在直接上级同其直接下属之间进行，不可越级授权，否则将造成权力紊乱。

（5）适度授权。授权过度等于放弃权力，所授职权应是上级职权的一部分，而不是全部，对下属而言，则是完成任务所必需的权力。

（6）充分交流的授权。科学合理的授权不应造成上下级关系的隔断，上下级之间的信息应自由流通。

（7）有效控制的授权。既要授权又要避免失控；既要调动被授权者的积极性和创造精神，又要保持授权者对工作的有效控制。

下篇
人力效率

使劳动生产率最大化的方式在于建设强效文化

企业的强效文化，是指企业具有高度凝聚力和向心力的文化，能够激发员工的积极性、创造性和工作热情，极大提高劳动生产率，促进企业的发展和壮大。

强效文化的建设依赖企业内部的岗位分配情况。在一个高效的企业中，合理的岗位分配是实现强效文化的重要基础，包括明确岗位职责、匹配岗位能力、认同岗位价值、提供培训和晋升机会、进行岗位轮换与交流、实施绩效考核以及保障工资待遇等。

强效文化的实施需要建立在注重员工发展的基础上。员工是企业发展的载体，企业需投资于员工培训和发展，使他们具备必要的知识和技能，以应对不断变化的工作环境。员工会因为能力的提升而更具信心，能够更高效地完成任务。此外，企业还应注重员工的职业发展，为其提供良好的工作环境和福利待遇，以激发员工的积极性和创造性。

强效文化需要强大的激励机制作为支撑。激励机制是企业能够长期发展的重要组成部分，通过设立激励和奖励机制，以鼓励员工的深层动机，提高员工的工作效率和质量。因此，企业应建立起科学合理的激励机制，让员工感到自己的工作得到了认可和回报。

强效文化的持久需要强悍的团队为保障。强悍的团队可以保证企业战略的全面性和可操作性；强悍的团队成员之间能够相互信任、相互支持，形成高效协作的机制；强悍的团队具备高度的专业知识和技能，也具备较高的综合素质；强悍的团队能够严格贯彻企业的价值观，让企业内部形成一种共同的信仰和精神力量。

强效文化可以帮助企业提高内部管理效率、优化工作流程、提高员工素质和增强创新能力等。强效文化的辐射面越广，越容易让更多的人了解企业的经营理念、品牌形象和发展战略。这有助于提高企业的知名度和美誉度，增强企业在市场中的竞争力。

第九章　职位角力：沿着旧地图寻找新大陆

确保企业内部的职位得当，有助于提高工作效率、员工满意度和组织绩效。职位得当的关键在于科学合理地设计组织，让个人的权力不再是组织的核心要素，而是使每一个职位的分工与协作成为组织的核心要素。

"经营新四化"是人力资源管理的新趋势

当前企业的管理环境越来越不确定，管理职位越来越多变，管理对象越来越个性化，管理职位工作人员的工作状态和成果越来越网络化，这就要求与企业人事安排、岗位责任、绩效激励等重要方面息息相关的人力资源管理越来越渗透到企业战略中，进入企业经营与业务层面；这就要求人力资源岗位的相关工作人员的综合能力不断提升，尤其对 HRD（人力资源总监）的要求越来越高，HRD 必须像企业家一样去思考人的问题，能够洞悉未来、洞悉人性、洞悉趋势。

如果人力资源管理工作不到位，影响的绝不仅仅是人事安排、岗位责任和绩效管理，还可能使企业陷入无序状态。

在这个变革的时代，人力资源管理部门必须关注未来企业的商业模式和组织模式的变化，我们将这些大趋势归结为"经营新四化"。

1. 战略的生态化

战略的生态化意味着将生态系统思维引入人力资源管理中，将员工视为组成企业生态的一部分，以实现更可持续的组织发展和竞争优势。

生态化思维源于生态学。在人力资源管理中，生态化思维强调员工与企业、企业与社会之间的相互作用，旨在实现企业和员工的共生共荣。这种思维方式有助于更好地理解员工的需求、价值观和期望，从而更好地满足他们的需要。

战略的生态化强调员工的幸福和组织绩效之间的密切关联。研究表明，幸福的员工更有创造力、更有动力为企业做出贡献。因此，企业应致力于创造一个能够提高员工幸福感的、多元的、包容的生态系统，以吸引和留住各种背景和能力的员工。这不仅有助于提高员工的创新能力，从而改善企业的绩效，还有助于满足不同用户群体的需求。

战略的生态化也涵盖了知识管理和学习系统。企业还应创建一个鼓励知识共享和学习的环境，以确保员工不断提高他们的知识和技能，从而增强企业的竞争力。

2. 组织的平台化

组织的平台化代表了一种全新的管理方式，涵盖了技术、文化和管理方式等多个方面。

（1）组织的平台化依赖现代技术的发展。云计算、大数据和人工智能等技术正在改变人力资源管理的方式。通过云计算，组织可以存储和管理大量员工信息，从而更好地了解员工的需求和表现。大数据使组织能够基于数据做出更明智的决策，例如招聘、培训和员工绩效评估。人工智能则可以自动化重复性任务，提高效率，让人力资源专业人员有更多时间专注于战略性工作。

（2）组织的平台化也涉及文化的变革。传统的组织层级结构较为僵化，信息流动有限。平台化的组织则更加开放和透明，鼓励员工分享想法和及时反馈。这种转变有助于建立更紧密的员工关系，提高员工满意度和忠诚度。

（3）组织的平台化还涉及管理方式的改变。传统的人力资源管理通常是集中式的，由专业人员负责。但在平台化的组织中，管理更加分散，员工和管理者都可以参与到人力资源管理的过程中。例如，员工可以自主管理他们的培训和发展计划，而不仅仅依赖上级安排。这种分散式管理有助于提高员工的参与感和自主性。

组织的平台化给人力资源管理带来了许多好处，主要体现在以下三个方面：①提高效率和准确性。自动化的流程和大数据分析可以帮助组织更好地匹配人才需求，降低招聘和培训成本。②促进员工发展，提高满意度。员工可以更加自主地管理他们的职业发展，感到更有价值。③有助于组织更好地适应不断变化的市场环境。通过平台化，组织可以更灵活地调整员工配置，以满足市场需求的变化。

组织的平台化代表了一种更加灵活、高效和员工参与度更高的管理方式。尽管面临技术安全和隐私问题的挑战，但随着技术的不断发展和文化的逐渐变革，这一趋势将在未来继续发展并影响组织的运营。

3. 人才的合伙化

人才合伙化的出现，旨在更好地满足现代组织的需求，力图达到人才和企业之间的合作与共赢。

（1）人才的合伙化强调了人才的重要性。在传统的人力资源管理中，人才被视为企业的一种资源，而在合伙化模式中，人才被看作是企业的合作伙伴。这种转变意味着企业需要更加关注人才的需求和愿望，以吸引、留住和激励人才。它可以通过提供更灵活的工作安排、个性化的职业发展计划和更有吸引力的福利来实现。

（2）人才的合伙化强调了员工参与和反馈的重要性。合伙化模式鼓励员工参与决策制定和问题解决过程。企业倾听员工的声音，采纳他们的建议，从而建立更加紧密的整体关系。这种深度参与有助于提高员工的满意度和忠诚度，同时也为企业带来更多的创新和改进的机会。

（3）人才的合伙化涉及更加灵活的用人模式。在传统的劳资关系中，员工通常被雇用为全职员工，但在合伙化模式下，企业可能会用更多的临时工、自由职业者和外包劳动力。这种灵活性可以帮助企业更好地适应市场的波动和需求的变化，同时为员工提供了更多的工作选择。

（4）人才的合伙化还注重发展和培训。企业需要投资员工的职业发展，帮助他们提升技能并实现自己的职业目标。这有助于员工更好地为企业做出贡献，同时也提高了他们的职业满足度。

人才的合伙化代表了一种更加合作、灵活和员工导向的管理方式，可以帮助组织吸引和留住高级别的人才，有助于提高员工的工作满意度和忠诚度，降低员工流失率，促进组织内的创新和改进。

4. 领导的赋能化

领导的赋能化代表了一种领导力和管理方式的演变，强调领导者的角色不仅是指挥者，还要成为赋能者。

（1）领导的赋能化意味着领导者需要将更多的权力下放给团队成员。传统的领导者通常担任指挥和控制的角色，而在赋能化模式下，领导者更多地充当教练和导师的角色，鼓励员工自主决策和解决问题。这种转变有助于激发员工的创造力和自主性，提高团队的表现。

（2）领导的赋能化强调了沟通和协作的重要性。赋能化领导者鼓励开放的沟通渠道，积极倾听员工的意见和反馈，与他们一起制定目标和策略。这种协作和参与的文化有助于建立更紧密的员工关系，增强员工对组织的归属感。

（3）领导的赋能化涉及培训和发展的投资。赋能化领导者认识到员工的成长对企业的成功至关重要。他们提供培训和发展机会，帮助员工提升技能，实现职业目标。这不仅有助于员工的个人发展，还提高了他们在企业内的价值和对企业的忠诚度。

（4）领导的赋能化还涉及建立一种信任的文化。领导者需要相信员工能够自主工作，员工也需要信任领导者的指导和支持。这种信任关系有助于提高效率，同时也增强了员工的工作满意度。

领导的赋能化是一种更加协作、信任和员工导向的管理方式，能够激发员工的潜能，提高员工的自信和动力，从而提高工作绩效；有助于构建更强大的领导团队。尽管实施过程中，领导者需要平衡权力和责任，确保赋能化不会导致混乱或失控，但随着组织逐渐接受这种变革，这一趋势有望继续发展并塑造领导和管理的未来。

管理者与员工应扮演好各自的组织角色

在当今的工作环境中，管理者和员工之间存在着密不可分的关系。他们不仅在职位上相互依赖，而且在工作任务和责任上也相互补充。理想的状态下，管理者和员工在完成任务、解决问题、沟通交流、创造价值以及遵守规则等方面都应是平等的。但在实际状态下，管理者与员工之间的工作和责任范围不是完全平等的，而是根据组织的结构和需求而有所不同。这是因为管理者和员工在组织中扮演不同的角色。

（1）领导和指导责任。管理者负责领导和指导团队，制定战略决策，并确保团队朝着组织的目标前进。

（2）决策权。管理者拥有更大的决策权，可以影响组织的方向和策略。

员工可在自己的工作领域内做出一些决策，但不具备整体战略决策的权力。

（3）监督和评估。管理者负责监督员工的工作，提供反馈，进行绩效评估，并确保团队达到预期的绩效水平。

（4）资源分配。管理者负责分配和管理组织的资源，包括预算、人力资源和其他资源。

（5）战略规划。管理者参与战略规划和决策制定，以确保组织取得长期成功。

尽管管理者和员工的工作和责任范围有所不同，但在现代组织中，团队合作和员工参与是非常重要的。管理者应该鼓励员工参与决策过程，并提供机会让员工发挥其专业知识和创造力。

此外，还应维护开放的沟通和透明度，以确保管理者和员工之间的理解和合作。下面是关于管理者和员工尽可能做到工作和责任范围平等的一些建议：

首先，无论是管理者还是员工，都需要确保工作流程的顺利进行，并保证工作质量。虽然管理者的角色可能更加侧重于规划和协调，但员工同样需要对自己的工作负责，确保其执行的质量和效率。例如，员工需要按时完成分配的任务，并确保工作达到预期的标准和质量。而管理者则需要提供清晰的目标、资源和工作指标，以便员工能够有效地完成任务。

其次，无论是管理者还是员工，都需要具备解决工作中遇到的各种问题的能力。解决问题不仅需要专业的知识和技能，还需要创新思维。例如，当工作中出现设备故障或其他技术问题时，管理者和员工都需要具备足够的知识和经验来解决这些问题，以确保生产和工作流程不受影响。

再次，沟通交流也是管理者和员工在工作中必不可少的一项技能。有效的沟通交流可以提高团队的工作效率，减少误解和沟通失误。无论是面对面沟通，还是电话或邮件等其他形式的沟通，管理者和员工都需要积极主动地参与到沟通过程中，确保信息的畅通和准确。

此外，管理者和员工还需要思考如何通过创造更多的价值来提升企业的业绩。这不仅需要充分发挥自身的能力和专业知识，还需要敏锐地观察市场变化，灵活地调整策略。例如，发掘新市场、创新产品等都是提升公司业绩的重要手段。

最后，无论是管理者还是员工，都需要遵守企业的规则和流程。遵守规则不仅有助于企业的稳定发展，也有助于建立员工的信任和忠诚度。例如，管理者和员工都需要遵循企业的财务规定、人事政策以及其他规章制度，以确保工作的规范性和效率。

总之，管理者与员工在工作中扮演着不同的角色，但他们的工作和责任范围是相互补充的。在完成任务、解决问题、沟通交流、创造价值以及遵守规则等方面，都需要发挥积极作用，共同推动企业的发展和进步。

团队成员应负载均衡

在很多企业中，经常会出现"闲的闲死，忙的忙死"的奇怪现象，一些岗位的员工忙到脚打后脑勺仍然干不完工作，一些岗位的员工一天八小时能"摸鱼"七个小时。

我曾在某传统企业里就看到了这样的现象。人事部门的岗位设定非常精细，导致每个人的工作范围很小，工作量也很小，一个人的活四个人在干。运营部门的岗位设定非常粗犷，只有一名文案和一名设计，导致这两名员工每天加班到半夜，但仍然因为完不成工作而遭到批评。当我向这家企业的负责人提出这个疑问后，得到的回答是"文案和画图不重要，也没有多大工作量，不需要增加人力"。当我让负责人看看这两名员工的实际工作状况时，负责人轻描淡写地说了句："那是他们的能力不行，所以才干不完的。"

或许这家企业的负责人一直都不明白，为什么所有来入职的文案和设计能力都不行，都完不成任务！

这家企业在职位设定上就出现了严重的负载失衡问题，一些岗位负载过轻，一些岗位负载过重，而团队成员的工作量和工作压力的均衡负载对于团队的效率和稳定性至关重要（见图9-1）。

首先，根据企业历年的营收指标和来年的营收预测、项目预测、新业务的发展，定下人力资源总盘。

其次，根据岗位性质进行岗位职责和人数的设定。工作量大的岗位，即使不重要，也需要配置更多的人力，除非可以用技术系统替代人力；工作量不大的岗位，即便再重要也无须配置多余的人力。

A　设定人力资源总盘

B　进行岗位职责和人数设定

C　合理分配每名员工的工作量

D　进行有效沟通和提供必要的支持

E　定期回顾和调整

图9-1　人力资源均衡负载

再次，根据每名成员的能力和专长合理分配工作量。充分了解每个成员的能力、需求和偏好，以便更好地调整他们的工作量和压力，确保他们在工作中能够得到满足。若每名成员都被分配到适合自己的任务，可以减少不必要的工作压力，有助于任务的高质量完成。同时，要求每名成员都明确自己的工作任务和时间要求，这需要他们有效地管理自己的时间。

另外，与团队成员进行有效的沟通和提供必要的支持。建立一个开放、透明和及时的沟通渠道，帮助团队成员更好地理解彼此的工作量和压力，从而更好地协助和支持彼此。为团队成员提供完成任务必要的培训、工具、资源和支持，帮助他们更好地处理工作压力，提高工作效率。

最后，定期回顾和调整是均衡负载的重要措施。定期评估和调整团队成员的工作量和工作压力，并在定期回顾中评估当前的工作分配是否合理，是否需要调整。

管理学有句名言："垃圾是放错了位置的人才。"如果领导者将人才用成了垃圾，然后说人才没有能力、不够努力，这样的领导者是极其不合格的。领导者的工作重点之一，就是做好员工和岗位的匹配，只有将员工能力和岗位需求完美匹配，员工才可以发挥出最大能量。具体做法可参考如下步骤：

第1步，建立机制。建立人岗匹配的用人机制的核心是才能识别与才能分类，将各种才能的属性进行分类，再将具有各类才能属性的个体进行分类，盘活人才库。

用人机制的基础是建立公平、公正、公开的人才选拔机制。无论是内部选拔还是外部招聘，都必须按照规范的选拔流程和明确的选拔标准对人才进行甄别。

用人机制的升级是通过岗位实践，对人才进行层级考核。考核的过程必须透明，结果才能服众。

第2步，岗位分析。确保岗位的工作要求明确，包括工作职责、技能要求、经验和资格等。工作描述和规范应该准确反映岗位的实际需求。

按照"岗得其人""人适其岗"的双向原则，将不同才能的员工安排到最合适的岗位上。要想达到这个目的，要先了解岗位的具体要求，对岗位进行分析。岗位分析是对某项工作及其相关的内容与责任，给予汇集、研究、分析的程序（见图9-2）。

第3步，人员分析。在了解了岗位的相关特点后，还要了解人员的相关特点，也就是对员工进行能力测试。具体可通过履历分析、纸笔考试、面试交谈、实际操作等步骤完成。

还要注意的是，对人员的了解要通过两方面进行，一方面是硬性的条件，另一方面是软性的状态。关于硬性条件，包括出身、学历、工作经验、家庭环境、兴趣爱好、专业特长等；软性状态则包括思想状态、拼搏精神、挑战心理、诚信指数等。

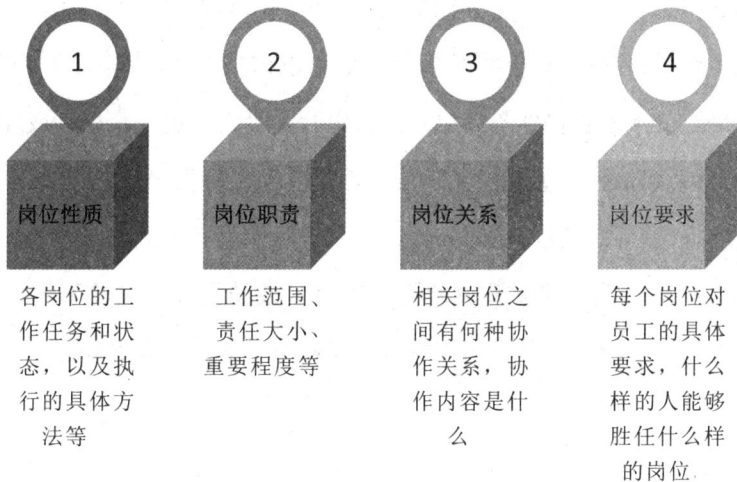

1	2	3	4
岗位性质	岗位职责	岗位关系	岗位要求
各岗位的工作任务和状态，以及执行的具体方法等	工作范围、责任大小、重要程度等	相关岗位之间有何种协作关系，协作内容是什么	每个岗位对员工的具体要求，什么样的人能够胜任什么样的岗位

图9-2 岗位分析解决四方面问题

第4步，进行匹配。与员工讨论他们的职业发展目标，以确保他们的工作与长期职业目标相符。这样做可以帮助员工保持动力，并有助于长期人岗匹配。

在具体工作中，员工是否符合工作要求会毫无保留地呈现出来，但现象相同，原因却不一定相同。

（1）有的员工因为不适应而出现短暂的迷茫。这是常见现象，作为领导者需要保持耐心。如果员工经过一段时间的锻炼仍然不能适应，就应做出适当调整。

（2）有的员工工作责任心不强，但能力具备。领导者要在严格要求的同时，实施赏罚制度，督促其改进工作态度。如果一段时间后仍然没有改观，就必须果断弃用。

（3）有的员工态度很好，但能力一般。这样的员工属于"无才有德"的一类，能保留就保留，需为其选择挑战性不强的工作。

（4）与工作完美契合，也具备能力。这就是很成功的匹配，既能发挥员工的才能，也能让岗位产生最大价值。

第5步，后期评价。主要包括以下三个方面的内容：

（1）绩效评估。定期进行绩效评估，以评估员工在其岗位上的表现，有助于确定员工是否仍然与岗位匹配，以及是否需要进一步培训或发展。

（2）持续监测。应持续监测人岗匹配情况，确保员工的技能和经验与岗位要求保持一致。在必要时，可以对其进行调整和改进。

（3）员工反馈。建立开放的沟通渠道，鼓励员工提供关于他们的工作和职业发展的反馈，以帮助组织更好地了解员工的需求和关注点。

分工过细产生"社会性逃逸"

《三个和尚》的动画片，相信很多人都看过，每次看都会捧腹大笑，笑和尚的痴心，笑和尚的傻乎乎，笑和尚的小算计。但你是否想过，这样一个耳熟能详的民间故事，居然有理论依据，而且很早就有了！

1882年，法国农学工程师迈克西米连·林格曼进行了一个拔河实验：实验中，参与者分别单独和合作拉动一根绳子，测量拉力和拉动距离，比较单独和合作情况下参与者的表现。结果显示，当拔河的人数从一个人逐渐增加到一群人时，集体的力量并不等于个体力量的总和。

拔河时，一个人施加于绳子的力量为 63 公斤；增加到两个人时，每个人施加于绳子的力量为 53 公斤，下降了 10 公斤；增加到三个人时，每个人施加于绳子的力量为 31 公斤，下降了 32 公斤……拔河人数与集体力量成反比。

林格曼由此得出结论，当人们参加集体活动时，他们的个体贡献会因人数的增加而逐渐减少，林格曼将其称为"社会惰性"。这个实验结果被称为"林格曼效应"，也称"社会性逃逸"。

这样的"社会惰性"在现实中并不少见。例如，当一个人遇到紧急情境时，如果只有一个人能提供帮助，这个人会清楚地意识到自己的责任，并且愿意主动承担责任，因为见死不救会让自己付出很高的心理代价。如果有许多人在场，帮助求助者的责任就会分散，会产生"我不去救，有别人会去救"的心理，形成"集体冷漠"的局面。

在企业中是否存在"社会性逃逸"呢？答案是肯定的。正如很多企业管理者感慨的："以前人少的时候，效率很高；现在人多了，分工也明确了，反而效率下来了。"这是因为一些关键的管理内容出现了偏差，不仅未能激起人的积极性，反而激发出了人的惰性。我们将那些人数众多，但效率低下的团队称为"伪团队"，因为那只是组织中的一群人，而称不上一个团队。

很多企业管理者或团队领导者认为，只有在那些缺少明确分工，不能将责任落实到具体人的团队，才会存在"社会性逃逸"的现象，才是"伪团队"。的确，在不能明确责任的团队内部，的确存在着严重的"社会性逃逸"现象，且严重影响团队和企业的生存。但这并不意味着在具有明确分工的团队中就不存在"社会性逃逸"的现象，因为明确分工也会出现分工错误和分工过细的问题。

分工错误就是职位所需的能力和所分配责任的员工的能力不匹配，简单地说就是任务分错了人，导致的直接后果就是执行难以到位，员工也疲惫不堪。但是，不能说员工不努力，只能说"所托非人"吧！

分工细化意味着员工的任务被分得越来越狭窄，他们失去了整体工作的视野，仅仅专注于重复性的单一任务，这导致了"社会性逃逸"的产生。分工过细会产生以下四种影响：

（1）分工过细导致员工之间的隔离。这种影响使员工不再能够理解整个生产过程，也不再感到与其他员工之间有联系。这种隔离导致了团队协作和社交互动的缺乏，工作环境变得冷漠和孤立。

（2）分工过细影响员工的技能和职业发展。由于员工只专注于狭窄的任务，他们的技能范围变得非常有限，这使得员工在失去工作或需要改变时变得非常脆弱。这也限制了员工的职业发展，因为他们很难获得多方面的技能和经验。

（3）分工过细导致员工对工作失去兴趣和动力。重复性的任务和缺乏挑战性的工作会导致员工感到枯燥和沮丧，也将导致工作质量下降，增加错误率，最终对生产造成负面影响。

（4）分工过细还会加剧社会不平等。那些从事高度细分任务的员工只能获得较低的薪水和福利，而那些拥有更广泛技能的人则更容易获得高薪和更好的福利。这加剧了社会阶层的分化，增加了贫富差距。

总的来说，分工过细产生的"社会性逃逸"是一个复杂的社会问题，涉及工作方式、社会互动和不公平等多个方面。那么，企业应如何解决和预防分工过细的问题呢？以下是一些方法供参考：

（1）重新设计工作流程。企业可以审查和重新设计工作流程，以减少过度分工。包括将一些任务合并为更综合的工作岗位，以便员工可以拥有更广泛的技能和职责。

（2）岗位轮换。实行定期岗位轮换制度，让员工有机会参与不同的工作任务。这样可以帮助员工保持对工作的新鲜感，防止工作变得单调和枯燥。

（3）员工参与和反馈。鼓励员工提供关于工作流程和分工的反馈，并参与改进决策。员工通常是最了解自己工作的，他们的意见和建议可以有效帮助预防过度分工。

（4）技术工具和自动化。利用技术工具和自动化减轻员工的重复性任务负担，以便员工可以专注于更具挑战性和创造性的工作。

（5）监督和评估。确保管理层对工作流程进行监督和评估，以及时发现分工过细的问题，并采取纠正措施。

总之，企业应该也必须进行分工，但需要进行正确分工，只有这样才能有效提升个人与组织效率。在分工过程中一定要谨慎且严格地杜绝分工过细的问题，让分工真正发挥提效的作用。

员工"躺平"，组织"吃药"

企业人效，是指企业通过有效管理和优化人力资源，提高员工工作效率和生产效益，从而实现企业整体绩效提升的目标。企业人效关注的是人力资源的价值创造能力，以及员工在组织中的贡献水平。通过对人效的管理，企业可以更好地评估员工的绩效表现，优化员工队伍，提高企业的整体竞争力。

通过人力资源规划，企业可以合理配置和优化人力资源，提高员工的工作效率和贡献水平。在制定人力资源规划时，企业需要考虑员工的专业技能、工作经历、个人发展目标等因素，以实现人岗匹配和人才队伍的合理布局。

在招聘与选拔过程中，企业需要关注人才的综合素质、专业技能和发展潜力等因素，以选拔出符合企业需求的高素质人才。通过科学的招聘与选拔机制，企业可以优化员工队伍结构，提高员工整体素质和企业的竞争力。

通过对员工的培训和发展，企业可以提高员工的专业技能和工作能力，提升员工的工作积极性和工作满意度。同时，培训与发展还可以帮助企业培养更多具备高素质的人才，提升企业的综合竞争力。

通过制定明确的绩效目标和考核标准，企业可以评估员工的绩效表现和贡献水平，并发现员工存在的问题和不足，及时采取措施进行改进和提高。同时，绩效管理还可以为员工提供反馈和激励，帮助员工实现个人目标和企业目标的协同发展。

通过制定合理的薪酬福利政策，企业可以吸引和留住优秀人才，提高员工的工作积极性和工作满意度。同时，薪酬福利管理还可以帮助企业控制成本、提高效益，实现企业的可持续发展。

在企业人效的应用实践中，企业需要结合自身实际情况进行具体操作和实施。

（1）制订明确的人力资源战略和计划。企业需要制订明确的人力资源战略和计划，包括人才需求分析、岗位设置、招聘与选拔、培训与发展等方面。

（2）建立科学的招聘与选拔机制。企业需要建立科学的招聘与选拔机制，包括招聘渠道的选择、面试流程的设计、选拔标准的制定等方面。

（3）实施有效的培训与发展计划。企业需要实施有效的培训与发展计划，包括培训内容的确定、培训方式的选择、培训效果的评估等方面。

（4）建立完善的绩效管理体系。企业需要建立完善的绩效管理体系，包括绩效目标的制定、考核标准的设置、绩效评估的流程等方面。

（5）设计合理的薪酬福利政策。企业需要设计合理的薪酬福利政策，包括薪酬水平的确定、福利项目的设置、激励机制的制定等方面。

当今职场流行一句话："00后"员工不是来工作的，是来"整顿"职场的。

之所以有这种说法，是因为新生代员工不再将自己视为组织中的人，而是将自己看作独立的人。所以，习惯了按照传统方式管理员工的企业领导者有些不习惯了，认为新生代员工"很复杂"，既有为了个人理想不顾一切的热情，但对于工作却是"躺平"的态度。成就事业是需要内驱力的，那么新生代员工的内驱力是变弱还是变强了呢？

对于这个问题，管理学界呈现出两种不同的观点。

一种观点认为，奋斗与"躺平"二者并不矛盾，只是奋斗的方式要随时代而做出改变。这类声音对新生代比较乐观，要相信一代有一代的活法，一代有一代的自我解决之道。在数字时代，人成就事业的内驱力看似分散了，实则更强了，因为人的知识与能力愈强，追求事业的边界就越广。过去我们追求的是速度，现在我们追求的是品质和质量；过去我们只想要更好，现在我们会思考更好以后应该怎么办；过去我们为了工作而工作，忘记了工作与生活的意义和价值；现在慢下来适度"躺平"没什么不好，关注工作和生活的平衡，关注身心健康与幸福体验，更有利于自己的长远发展。

另一种观点认为，"躺平"是通过低消耗的方式生存，是一种放弃努力的消极表现。这类声音认为新生代在数字时代的内驱力存在两极分化：一部分强个体的内驱力很强，职业人干得像企业家；另一部分弱个体的内驱力很弱，职业人当得像机器人。而且，在新生代中，弱个体的比例不低，尤其是一些员工在进入职业倦怠期（一项工作超过三年就会让人感觉倦怠）后就会从强个体或普通个体下降为弱个体，尤其当他们感觉被企业无情的算法伤害后，就会以"躺平"的姿态来对抗伤害。而强个体在遇到困难和挑战时，不是简单地将其归结为外部原因，而是更关注个人的努力程度，把自己的成功和失败更多归为内因，所以能对未来的成功抱有更高的期望，也就拥有了更强的成就事业的内驱力。

两种观点，一种认为"躺平"不是问题，反而是时代进步的体现；另一种则认为"躺平"是问题，是员工个人综合能力的体现。既然讨论的是新生代，就离不开其所处的时代特性，数字技术的发展让新生代的自我效能感达到前所未有的高度，让个体拥有的信息和数字化工具能够重构很多事情的成本和效率，胜任力因此得到扩展。高自我效能感能不断拓展胜任力，与组织对话的能力也将随之提升，个体能够主动地与组织构建稳定的心理契约。由此可见，新时代环境下新生代的内驱力是应该得到加强的，但在现实中之所以出现两种不同的观点，是因为没有将激发员工内驱力的关键因素——组织考虑在内。也就是说，想让员工的内驱力发挥作用，前提是必须找到合适的组织，只有这样才有机缘创造和分享价值。

因此，当组织中发现新生代员工有"躺平"的倾向或者已经开始"躺平"时，问题一定出在组织上。作为组织的领导者必须自我反省：是否没有认可员工的工作成果和进步状况？是否没有激发员工的兴趣和热情？是否没有真正赋能员工，让其学到新的技能？是否没有提供更多的发展机会，供员工发挥价值？……

总而言之，员工还是员工，关键看企业的导向。企业要打造什么样的组织，就能看到什么样的员工。员工"躺平"，浅度映射的是员工自身的问题，深度映射的是企业管理上的问题。

　　补充说明：本节一直以新生代员工为例，不是说"躺平"现象只出现在新生代员工身上，非新生代员工也有"躺平"的。但只要不是自甘堕落，是出于无奈才"躺平"的员工，组织就不要总"开药方"了，要多给自己"诊断"，多让自己"吃药"。

第十章　高阶竖井：用精进循环提升"单兵实力"

提升员工的"单兵实力"对于企业发展是非常重要的，不仅可以提高企业的工作效率和质量，增强企业的创新和竞争力，还可以提升员工的归属感和团队合作能力，推动企业的发展。因此，企业应该积极为员工提供各种增强实力和发展的机会，激发员工的潜能。

高流动的成熟人

什么是优秀的员工？关于这个问题，答案应该有很多，不能以统一的标准来定义员工的优异程度。其实，对于优秀员工的表述，更准确的说法应该是高素质的员工。只有高素质的员工，才能成就高质量的发展。

高素质的员工，单兵实力非常强悍，既可以在日常经营管理中独当一面，也可以在关键时刻成为中流砥柱，更有机会在危机到来之时力挽狂澜。

那么，什么是高素质的员工呢？我们给出的定义是具备高度的流动性和高度的职业成熟度的员工。因此，员工应该主动成为一名具有高流动性的成熟人。

1. 高流动性的员工

员工具备高度的流动性，意味着他们既能够适应不同的工作情境和任务，也能更好地适应新技术和工作方法。这种综合能力有助于员工更好地应对变化，提高团队的灵活性和效率。

（1）自我提升。持续精进新技能和新知识，包括行业趋势和新技术，以保持竞争力。

（2）适应弹性。具备适应不同工作环境和团队的能力，灵活应对变化。

（3）沟通能力。良好的沟通能力有助于与不同人群合作，理解他们的需求和期望。

（4）团队合作。能够在团队中有效地协作和分享知识，支持共同目标的实现。

（5）技术能力。根据行业和工作需求，掌握必要的技术和工具。

（6）创新思维。具备创新意识，能够提出新的想法和解决方案，为组织带来价值。

（7）快速学习。快速学习新任务和新概念，适应新的工作要求。

（8）态度积极。有信心面对新挑战，以积极的工作态度激励自己和他人。

总之，高流动性的员工通常是多才多艺、适应性强、不断学习和进步的人，他们能够在各种不同的工作环境中充分地发挥作用。

2. 高成熟度的员工

员工具备高度的职业成熟度，意味着他们需要不断学习、适应变化、发展技能，以应对快速变化的工作环境和技术革新。职业成熟也包括建立强大的人际关系、解决问题的能力和领导力，能够保证员工在不同的职位和项目中表现出色。成熟的员工更容易适应和把握新的挑战和机会，对企业的长期发展有着积极的影响。

（1）专业知识与技能。深入了解工作领域，不断提升专业知识和技能。

可以参加培训、研究最新行业趋势，保持知识更新。

（2）自我管理与高效工作。有效管理时间、任务和目标，制订明确的工作计划，设定优先级，确保工作高效有序。

（3）沟通与合作。学会有效沟通，包括倾听、表达清晰，能够与不同背景的人合作，并解决问题。能够与团队协作，尊重和认可他人的意见和贡献，共同实现目标。

（4）适应性与灵活性。面对变化时刻保持灵活性。不断适应新技术、新流程和新要求，以满足公司的需求。

（5）领导力与责任感。关注个人成长与领导团队，不断提升解决问题和做出决策的能力。承担责任，对工作结果负责，勇于承认错误，并从中吸取教训。

（6）问题解决能力。面对问题，不只是报告问题，还要善于分析问题，提供解决方案。

（7）自我反思。定期反思自己的工作表现，寻找改进的机会。接受工作相关的反馈，并努力改进。

要成为高成熟度的员工需要时间和付出努力，但这些特质可以帮助员工在职场中脱颖而出，获得更多的机会和认可。

缩小焦点，要求员工关注最重要的事情

企业的效益都是由员工创造的，再正确的决策或方案若没有得到执行，也只是空谈。企业领导是企业蓝图的策划者，是企业发展的推动者，员工才是企业效益的创造者，好的蓝图必须依靠员工去落实，通过员工一点点

的工作去实现。

毫无疑问，企业要发展就要选择专注于本职工作的员工，企业要想长期发展，就要重用能够专注于重要工作的员工。那么，二者有何区别呢？

专注于本职工作是一个人的基本职业素养。一个员工，若不能专注于本职工作，即便很有能力，对企业也没有丝毫益处。而一名能够专注于本职工作的员工，即便当下能力稍显不足，因为能以企业利益为重，假以时日的，也能为推动企业发展贡献一份力量。

专注于最重要的工作则是一个人综合能力的体现，这样的员工具备识别重要事情和专注重要事情的双重能力。能在浩繁的工作中迅速识别出最重要的工作，进而将主要精力投入到最重要的工作中。这种工作模式非常符合"二八法则"，即我们80%的收获源于20%的努力，其他80%的付出只带来20%的成果（见图10-1）。而能让20%的努力得到最大收获的办法，就是关注最重要的事情。

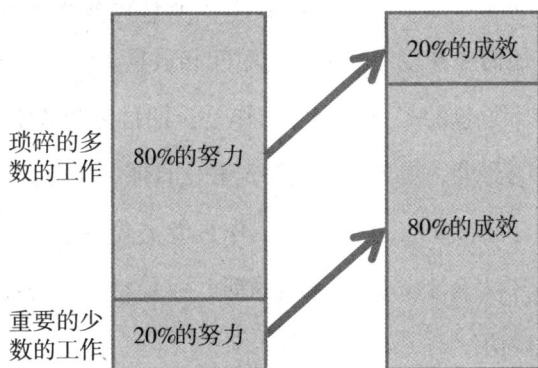

图10-1 二八法则

"二八法则"向人们揭示了这样一个道理，即投入与产出、努力与收获、原因和结果之间，普遍存在着不平衡关系。起关键作用的小部分，通常可能主宰整个组织的产出、盈亏和成败。

同时，专注于最重要的工作还体现了员工的秩序性，他们在平时的工作中善于将工作进行优先级规划，才能正确识别出最重要的工作。工作优先级通常根据任务的紧急性和重要性来确定（见图 10-2）。

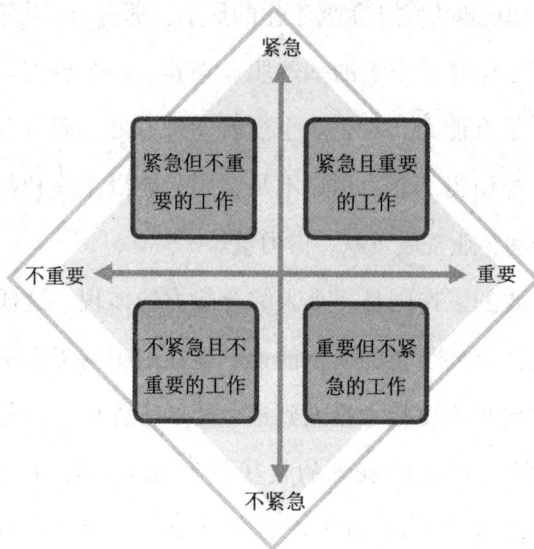

图10-2　工作优先级

（1）紧急且重要的工作。这些工作必须放在优先级列表的顶部，不仅需要立即处理，还需要调动起最大块的时间和最重要的资源予以支持。

（2）重要但不紧急的工作。这些工作是长期目标和战略计划的一部分，但没有立即行动的要求，需要为它们设定截止日期，确保其不会被忽视。

（3）紧急但不重要的工作。这些工作可能需要员工立即采取行动，但它们对长期目标不太重要。如果可能的话，尽量将它们委托给他人或者利用碎片时间高效解决。

（4）不紧急且不重要的工作。这些工作在优先级列表中排在底部，甚至根本排不进列表。可以考虑将它们延后或者彻底清除，以便将精力集中在更重要的工作上。

优秀的员工基本每天或每周都会重新评估工作的优先级，以确保自己的时间和资源都得到了最佳利用。并且，他们会制定清晰的目标和截止日期，以帮助自己更好地管理工作优先级。

结合"二八法则"和工作优先级排序，员工可以缩小工作焦点，将最主要的精力专注于最重要的工作。员工用心做好自己的工作，是企业发展强大的主要动力之一，也能帮助企业和员工更有效地达成目标，提高工作效率。可以结合以下策略做好对重要工作的专注：

（1）明确目标和重要性。企业领导层必须明确企业的长期和短期目标，并指出哪些任务和活动对于实现这些目标至关重要，这将有助于员工理解为什么要关注某些事情。

（2）设立优先级。企业领导层需要与员工合作，共同设立工作优先级。可以通过制订清晰的工作计划和绘制项目列表来实现，确保员工知道哪些任务是最重要的。

（3）减少干扰。员工在工作中经常面临各种干扰，如会议、电子邮件、通知等。为了帮助员工集中注意力，企业领导者应采取措施来减少这些干扰，例如设定专门的工作时间、优化会议安排，或者提供工具来管理通知等。

（4）资源分配。确保员工拥有完成工作所需的必要资源，包括时间、人力和技术支持。如果员工缺乏所需的资源，即使他们专注于最重要的事情也会面临更多不必要的挑战。

（5）持续监督和反馈。团队管理者应持续监督员工的工作进展，并提供及时的反馈和支持，以确保员工前进在正确的轨道上。

（6）培养自我管理技能。员工应着力培养自己的时间管理、优先级设置和自我纪律等技能，以便更好地关注最重要的事情。

总之，缩小焦点，要求员工只关注最重要的事情，需要企业领导层的坚定领导及其与员工的积极合作。这有助于企业提高工作质量和效率，在关注关键任务时能够取得更大的成功。

主动争取自己能做的任务

在我初入职场时，上级告诉我们"要主动争取自己能做的任务，才能有助于自己的成长"。对于这句忠告，当时很多同事并不认同，即便到如今也依然少有人认同，因为"主动争取"就意味着要主动找活干。但是，纵观那些从职场中走出光辉人生之路的成功者，他们的职场生涯基本是主动争取工作任务的敬业者；那些能够完成很多不可思议的任务的团队，其成员也是能够主动争取工作任务的人。

员工主动争取自己能做的任务，不仅展示了他们的主动性和自我管理能力，更有助于提高团队的效率和成就，而个人成就和团队成就与企业的发展密切相关。以下是一些员工主动争取任务的好处：

（1）增强自信心。主动承担任务可以提高员工的自信心和自尊感，因为他们感到自己有能力完成任务。

（2）提高积极性。主动性是一种积极的工作态度，有助于员工更加投入地工作，追求更高的绩效。

（3）发展职业技能。主动承担新任务和挑战，有助于员工积累新的经验和技能，对个人及其职业发展都很有益。

（4）减轻管理负担。员工的主动性意味着他们能够自主管理自己的任务，从而减轻了管理层的负担。

（5）增强团队合作。主动争取任务可以促进团队合作，因为员工愿意协助同事，共同完成项目。

（6）提高工作效率。主动型员工通常能够更快速地处理任务，从而提高整个团队或企业的工作效率。

员工主动争取自己能做的任务，有助于个人的职业发展和工作表现，同时也有助于组织的绩效和团队的协作。而鼓励员工主动争取任务需要积极的企业文化和有效的沟通。管理层可以通过提供清晰的任务和目标，鼓励员工分享想法，并提供支持和认可来提高员工的主动性。同时，员工也应该学会权衡工作负荷和工作饱和度，确保自己能够有效地管理和完成自己主动争取的任务。

在此引出一个概念——工作饱和度。让员工拥有高工作饱和度对于企业的成功和员工的幸福非常重要。工作饱和度高的员工通常更有动力、更有创造力，表现更出色，并且更愿意留在组织中，从而减少了员工流失率。

为了帮员工提高工作饱和度，企业必须给予员工挑战和发展机会，让员工渴望在工作中不断学习和成长。为了激发员工的兴趣和积极性，企业还应提供适当的工作资源和支持，确保员工有足够的工具、资源和支持来完成工作。为了减轻和避免不必要的工作压力，企业应建立相应的制度鼓励员工参与决策过程，听取他们的建议，并提供机会让他们表达对工作的反馈意见。为了建立积极的工作文化，必须在企业内部形成支持性、团队合作和积极的工作环境，对出色的员工进行认可和奖励，并提供有竞争力的薪酬和福利，以提升员工的满意度和忠诚度。

总之，关注员工的工作饱和度不仅有助于组织的绩效，还有助于员工的幸福感和健康。这可以通过提供支持、机会和创造积极的工作环境来实现。

借助分段加速提升执行速度

通过分段加速提升执行速度，是源于计算机编程或算法优化领域的一种技术。该技术的核心思想是将一个复杂的任务分解成多个子任务，然后并行执行或按需执行这些子任务，以提高整体执行速度。

分段加速是一种可以体现组织、团队和个人能力的高段位方法，可以显著提升工作的执行速度。以下是分段加速提升执行速度的基本流程：

第1步，任务分解。将大型工作任务分解成多个子任务。这些子任务应是相互独立的，可以分别完成。

第2步，并行执行。任务被成功分解之后，可以并行执行这些子任务。通常需要多人或多团队同时处理这些子任务。

第3步，任务协调。在执行过程中，需要确保各子任务之间的协作和同步，包括子任务之间的信息共享和通信，以确保整体任务能够顺利完成。

第4步，结果合并。将各个子任务的结果合并，以生成整体任务的最终输出或成果。

分段加速的方法可以应用于各种工作场景，包括但不限于以下场景：

（1）项目管理。在项目管理中，可以将项目分解成多个子任务，分配给不同的团队成员或部门，以提高项目完成速度。

（2）数据分析。对于复杂的数据分析任务，可以将数据分析工作分解成多个部分，并在多个数据分析工作者之间并行执行，以加速分析过程。

（3）文档编辑。在文档编辑工作中，可以将文档分成多个部分，不同人员分别编辑这些部分，最后合并，以减少编辑时间。

（4）客户服务。在客户服务领域，可以将客户请求分解成多个子任务，并由不同的客服代表同时处理，以提高响应速度。

下面，通过一个实际的事例来说明分段加速的具体应用。

假设一个公司需要准备一份复杂的销售报告，该报告需包括市场研究、销售数据分析和竞争对手分析等多个方面。团队可以将这个大任务分解成三个子任务，分别由市场研究团队、销售数据团队和竞争对手分析团队来共同完成。三个团队并行工作，然后将他们的结果合并到最终的报告中。这样，整个报告的完整性会极大加强，更重要的是报告执行的速度也将大幅提高。

那么，具体应该如何进行分段呢？分多少段合适呢？需要看具体的工作任务，以实际情况为准。常规情况下可以分成八段（见图10-3）。

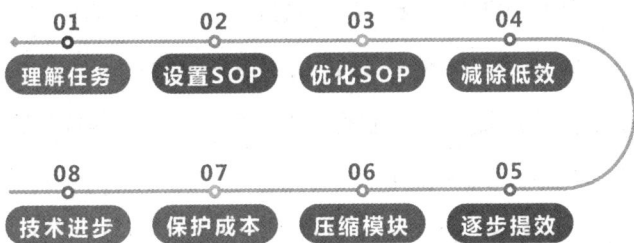

图10-3 分段加速图示

第1段，理解任务。想要提高某项任务的速度，必须先理解这项任务。就像做题一样，只有先正确理解题意，才能快速写出答案。因此，不能一上来就盲目求快，而是要在一堆未知中找出实现目标的关键要素，先让这个结果可以实现。

第2段，设置SOP（标准作业程序）。理解任务之后，将原本无序的关键要素变成有序的、可量化的标准动作，并且固定成一套标准作业程序，每次都按此执行。

第 3 段，优化 SOP。有一套标准作业程序并不够，还需要不断优化它，因为 SOP 没有最好，只有更好。可以通过精简、替换、合并三个环节不断完善。

第 4 段，减除低效。若想让 SOP 中的每一分钟都具有生产力，就必须减去其中低效的时间。具体做法有三种：①通过专注减去分心的时间；②通过并行和"短路"减去等待的时间；③通过机器替代减去休息的时间。

第 5 段，逐步提效。进一步压缩整个 SOP 的耗时，通过刻意练习和以工具替代人力的方式，逐步提高每一步的效率。

第 6 段，压缩模块。将 SOP 中耗时较长的重复步骤提前执行，并在执行完成后压缩成一个个模块，等需要时提取相关模块解压后放入新的流程中。

第 7 段，保护成本。当个人效率已优化到了极致时，团队就不能再进行内部挖潜了，此时需要招募帮手。基于 SOP，通过分工协作进一步提高效率。但切不可让成本失控，要确保"边际收益≥边际成本"。

第 8 段，技术进步。在现有条件下，"边际收益＝边际成本"是加速的极限，想要突破这个瓶颈，唯有依赖技术的进步，毕竟科技是第一生产力。

这八段加速是逐级提升的关系，若前一段未能执行到位，后一段的效果就会大打折扣。因此，唯有稳步提升，才能将效率提升到最快。分段加速可以分成八段，也可以分成其他若干段，具体每一段的任务根据实际情况而定。

总之，分段加速是非常强大的方法，可以应用于各种工作场景，以提高工作的执行速度和效率。通过将工作任务分解成子任务，并合理协调这些子任务，可以显著减少执行时间，提高工作效率。在当今竞争激烈的商业环境中，分段加速可以帮助个人和组织更快速地达成目标，提高竞争力。

用FOTA 提升多任务处理速度

提升多任务处理速度的核心是有效的时间管理。时间是有限的资源，合理分配和管理时间是提高工作效率的关键。我们需要主动掌握时间，而不是被时间所左右。

在工作过程中提升多任务处理速度是个人和组织至关重要的技能，对个人和组织都有益（见图10-4）。

提高工作效率	时间管理	更高的生产力
快速处理多个任务意味着能够在更短的时间内完成更多的工作	多任务处理速度的提升通常伴随着更好的时间管理技能	高效处理多个任务有助于组织实现更高的生产力和业绩
提高工作质量	满足客户需求	支持项目管理
高速处理多任务有助于在紧迫任务中保持专注和高效	对于客户服务和销售等需要及时响应的领域，快速处理多个任务至关重要	提高多任务处理速度可以确保项目按时交付，减少延迟和成本超支

图10-4 提升多任务处理速度对个人和组织的益处

下面，通过几个具体案例看看提升多任务处理速度对于个人和组织工作效率的改善。

案例 1：时间分块

该方法将一天划分为若干个时间块，每个时间块专门用于处理特定类型的任务。例如，安排一个时间块用于回复电子邮件，另一个时间块用于会议，还有一个时间块专注于复杂的项目……通过将类似的任务归并到同一时间块，可以减少在不同任务之间切换的时间，可以极大地提高工作效率。

案例 2：批量处理

将相似的任务一次性处理完毕，而不是分散在不同的时间点。例如，一家在线客户服务公司采用批量处理法，每小时处理一批用户查询，而不是立刻回复每个查询。这样，他们可以更专注地处理相似的问题，提高了响应速度。

案例 3：专注时段

某公司采用专注时间段的策略，鼓励员工在一段时间内专注于单一任务。例如，软件公司 Basecamp 每月有一个"无会议周"，员工可以在这一周里专注于项目工作，不受会议的干扰。这种做法有助于提高工作效率，因为员工可以更专注地处理任务。

案例 4：委派任务

在一个项目管理团队中，团队领导者可以委派任务给成员，根据每个人的专长和能力分配任务。人们在做自己喜欢和擅长的工作时，总能更加专注和高效。因此，通过合理委派，团队可以更高效地完成项目，提高多任务处理速度。

通过快速处理多任务，可以腾出更多时间来思考创新性的解决方案和开发新的机会，有助于推动组织的创新和发展。同时，高效处理多任务有助于建立员工或组织的信誉。由此可见，提升多任务处理速度不仅有助于提高工作效率，还对个人职业发展和组织的成功有积极影响。它是一项宝贵的技能，值得不断地培养和改进。

那么，究竟该如何培养和改进呢？我们给出的方法是遵照 FOTA 原则，一步步提升多任务处理的速度。FOTA 即 Focus、Ordering、Three Timelines

和 Adapt to Change 的首字母组合。

第 1 步，Focus（聚焦要事）。提高多任务处理效率的前提是有识别任务重要性的能力，然后只专注做重要的事情，精简掉无须做和不重要的任务。

第 2 步，Ordering（梳理日程）。在充分知道了什么任务重要后，可以把重要的任务放入"时间管理优先矩阵"进行分类处理。具体的做法是，把矩阵内的重要任务排列成一个有序的队列，放入日程安排中，然后逐个执行。在具体执行过程中，需要注意以下两个方面：

（1）梳理任务时可使用时间管理工具，如 GTD（Getting Things Done，个人时间管理方法）、六点优先工作法等，把需要做的事情处理好。

（2）日程安排必须根据自己的生物钟，设定不同任务的执行时段，将执行效率最大化。

第 3 步，Three Timelines（三线并进）。所谓"三线并进"，是指根据任务的重要程度和执行难度进行分类，具体分为主干线、自动线和第三线（见图 10-5）。

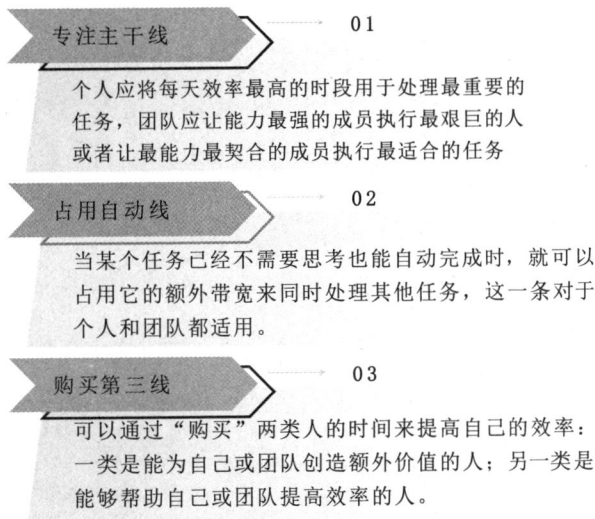

专注主干线　01
个人应将每天效率最高的时段用于处理最重要的任务，团队应让能力最强的成员执行最艰巨的人或者让最能力最契合的成员执行最适合的任务

占用自动线　02
当某个任务已经不需要思考也能自动完成时，就可以占用它的额外带宽来同时处理其他任务，这一条对于个人和团队都适用。

购买第三线　03
可以通过"购买"两类人的时间来提高自己的效率：一类是能为自己或团队创造额外价值的人；另一类是能够帮助自己或团队提高效率的人。

图10-5　三线并进

第 4 步，Adapt to Change（随机应变）。应对任务执行过程中的各种变化，无论是个人还是团队，都不能"忙于事而陷于事"，而要做到"忙于事而不陷于事"，面向目标，灵动前行。这就要求个人和团队具备应对意外的能力、锁定方向的能力和不忘初心的能力。

本节最后，以管理学大师彼得·德鲁克名言作为结束："做正确的事比正确地做事确更重要。"

第十一章　动机图谱：喧嚣中的泡沫与真理

激活员工的工作动力，对于企业的长期发展至关重要。但激活员工动力在实际操作中有些喧嚣的感觉，因为很多企业并未真正做到激活员工动力，也就无法提高员工的工作表现、满意度和忠诚度，更加无助于企业实现更好的业绩和成功。若能在喧嚣中撇除泡沫，淘出真理，激活员工动力，便可以提升他们的投入度，提高工作效率，并促进创新和团队协作，从而对企业的长期成功产生积极影响。

激励因素与保健因素双向满足

20 世纪 50 年代，美国行为科学家弗雷德里克·赫茨伯格与助手对匹兹堡地区 11 个行业的 200 名工程师与会计师实施了一项调查访问。访问的主题有两个：

（1）在工作中，哪些让你感到满意，并估计积极情绪大概持续多久？

（2）在工作中，哪些让你感到不满意，并估计消极情绪大概持续多久？

之所以要进行这项调研，是因为赫茨伯格认为影响员工绩效的两个关键维度是"满意"与"不满意"。满意因素是可以使人得到满足和动力的因素，也称为"激励因素"；不满意因素是容易产生不满情绪和消极行为的因素，也称为"保健因素"。

经过对"满意"和"不满意"两个因素的调查，赫茨伯格得出以下结论：

激励因素主要与工作状态有关，包括个人成就和成长、工作挑战性和职责划分、组织赞赏以及社会认可等，满足这些因素能提升员工的工作满意度，激发员工的工作积极性；保健因素主要与企业政策和管理有关，包括政策制定、管理监督、工资福利、劳动保护、安全措施、人际关系、工作环境等，满足这些因素能消除员工的不满情绪，维持原有工作效率，但不能激发员工的积极性。

赫茨伯格认为，传统的激励方式，如提升工资、改善工作环境、改善人际关系等，将不会产生或者不明显产生激励效果。因此，企业管理者必须认识到保健因素的局限性。保健因素是激励的必须，却不是激励的根本，只有在激励因素上做到满足，才能产生更高效的激励效果。

鉴于此次调研对象的行业集中，赫茨伯格随后又进行了数次扩展性实验，将调查范围扩大到更多领域。虽然调查对象和各种条件发生了巨大变化，但激励因素和保健因素的归属并未发生实质性改变。

调查范围扩大后，赫茨伯格发现激励因素和保健因素有若干重叠现象（见图11-1）。比如，赏识既属于激励因素，也属于保健因素，给予赏识可以起到激励作用，没有赏识则可产生消极作用。

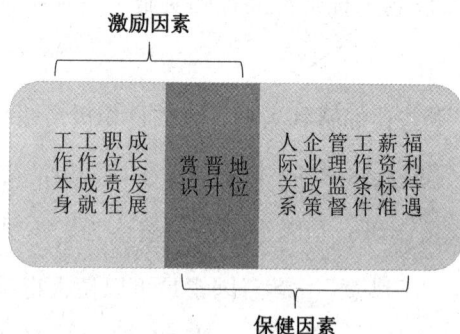

图11-1 激励因素与保健因素的重叠现象

在实际的管理工作中，影响员工"满意"的因素缺失并不会直接导致员工"不满意"，而会让员工"没有满意，也没有不满意"。那些使员工感到"不满意"的因素消除后，员工也不会转变为"满意"，仍然停留在"没有满意，也没有不满意"的状态。因此，激励成功与否不能只考虑是否消除了"不满意"因素和增加了"满意"因素。激励因素和保健因素对员工积极性的影响，表现在以下三个方面：

（1）不是所有的需要得到满足，才能激励起员工的积极性。只有那些被称为激励因素的需要得到满足，才能调动员工的积极性。

（2）不具备保健因素时，将引起员工的强烈不满。但具备保健因素后，并不一定能调动起员工强烈的积极性。

（3）激励因素必须以工作本身为核心，主要在员工进行工作时发生，而保健因素则多在工作之外发生。

鉴于激励因素和保健因素对员工积极性的影响，赫茨伯格提出两种方法，让激励更加到位：①满足员工对工作本身的要求，称为"直接满足"；②满足员工对工作条件的要求，称为"间接满足"。

直接满足是个体通过工作所获得的满足。它能使员工学习到新的知识和技能，对工作产生进一步的兴趣和热情，使员工在工作中体会到光荣感和成就感，从而提升责任心。采用直接满足的激励，虽然所需的时间较长，但员工的积极性一旦被激发出来，可以从根本上提高工作效率，并能长久持续。

间接满足是个体在工作之后获得的满足。因为不是直接的，它在调动员工积极性上有一定局限性，只能在短时间内提高工作效率，有时处理不好会发生副作用。因此，在实际运用过程中，要充分注意保健因素，不至于因"不当满足"而使员工产生不满情绪。更要结合激励因素使用，避免只采用间接措施的"瘸腿激励"。

究竟该如何对员工进行有效激励，因为各行业、各领域情况不同，不能给出统一定论，但赫茨伯格提出了几个适用性极强的通用因素（见图11-2）。

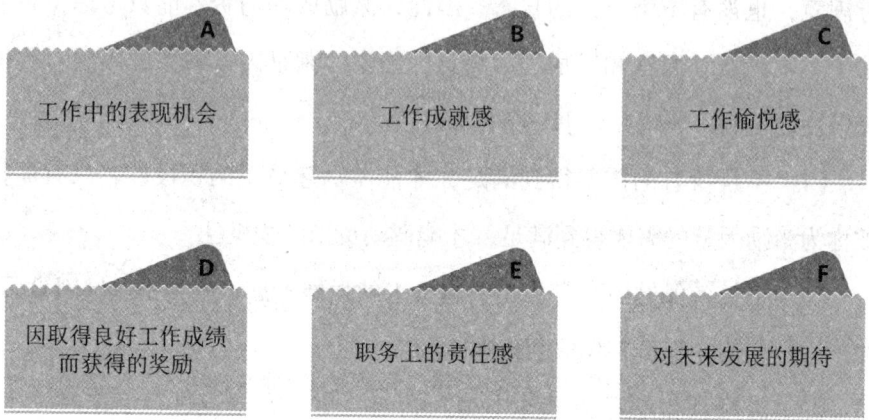

图11-2　通用的激励因素

赫茨伯格认为，这些因素都是积极的，对影响员工工作动力起着长期有效的作用。为增加激励因素，提高生产率，需要在工作过程中加强对工作的丰富化管理，用技术手段取代流水作业线或者高重复性作业，以有效降低员工的不满情绪，提高工作积极性。

报酬的相对量比绝对量更能影响人

1962年~1965年，美国行为科学家斯塔西·亚当斯先后与人合著、指导学生和独立完成了三本著作，分别是《工人关于工资不公平的内心冲突同其生产率的关系》（合著方为罗森·鲍姆）、《工资不公平对工作质量的影响》、《社会交换中的不公平》。

　　在这三本书中，亚当斯反复提到了一个词——公平，进而形成了公平理论。该理论侧重于研究工资报酬分配的合理性、公平性及对员工生产的影响。

　　亚当斯对公平理论的阐述是：员工对收入的满意程度能够影响员工工作的积极性，而员工对收入的满意程度取决于一个社会比较过程，一个人不仅关心自己的绝对收入的多少，也关心自己的相对收入的多少。

　　在现实工作中，每个人都会被进行纵向比较和横向比较，纵向比较是自己与自己比，横向比较是自己与他人比。

　　（1）一个人会把自己现在的投入（学习程度、所做努力、工作时间、其他无形损耗等）和所获报偿（金钱、职位、地位、被认可程度等）进行性价比估值，并对自己过去的投入和所获报偿进行性价比估值，再将两个估值进行比较，这种历史比较就是纵向比较。

　　（2）一个人会对自己的投入和所获报偿进行价值性估值，同时对他人的投入和所获报偿进行价值性估值，再将两个估值进行比较，这种社会比较就是横向比较。

　　比较的目的不只是要找出差异，也为了维持公平感。如果发现自己现在的投入产出比与过去的投入产出比对等，或自己的投入产出比与他人的投入产出比对等时，就会认为公平、合理，从而心情舒畅，努力工作；如果发现自己现在的投入产出比与过去的投入产出比不对等，或自己的投入产出比与他人的投入产出比不对等，就会产生不合理和不公平感，内心不满，工作积极性随之降低。

　　由此可见，人们不只关心自己所得报酬的绝对量，还会关心自己所得报酬的相对量，需要不断通过比较来确定自己所获报偿是否公平合理。若公平就能起到激励的作用，若不公平则会起到消极作用。

　　公平的实质是平等，它体现在对人格及其权利的尊重上。对于公平，不仅员工个人在意，企业管理者更要在意，要采取正确的方法帮助员工感受到公平。在采取方法之前，首先要发现员工的不公平感，才能在未来采取正确的应对措施。根据纵向比较和横向比较，可以设定两个公式：

公式1：OP/IP=OC/IC。

公式含义：员工对自己的投入产出比的感知与对他人的投入产出比的感知是对等关系。其中：

（1）OP，对自己所获报偿的感觉；

（2）IP，对自己投入的感觉；

（3）OC，对他人所获报偿的感觉；

（4）IC，对他人投入的感觉。

当上式为等式时，说明员工得到了公平对待。当上式为不等式时，说明员工没有得到公平对待，可分为两种情况（见表11-1）：

表11-1　公式OP/IP=OC/IC的两种不等式情况

公式不对等	解释	说明
OP/IP>OC/IC	员工对自己的投入产出比的感知，大于对他人的投入产出比的感知	员工会在短期内提升自己的工作努力程度，但也会因此重新评估自己的技术水平和工作状况，最终认为自己应该得到高一些的待遇，因此不会产生感激或者短暂产生感激之情，业绩在不久之后就会回到原先的水平，甚至低于原先的水平。如果想让该员工进一步提升业绩，需要付出更高的薪酬
OP/IP<OC/IC	员工对自己的投入产出比的感知，小于对他人的投入产出比的感知	①增加左方。员工会要求在工作方式不变的情况下增加自己的收入，或者在其收入不变的情况下减少工作量和降低工作压力；②减小右方。员工会要求企业减少其比较对象的收入或者增加其比较对象的工作强度

公式2：OP/IP=OH/IH。

公式含义：员工对自己过去的投入产出比的感知与对自己当下的投入产出比的感知是对等关系。其中：

（1）OP，对自己当下所获报偿的感觉；

（2）IP，对自己当下投入的感觉；

（3）OH，对自己过去所获报偿的感觉；

（4）IH，对自己过去投入的感觉。

当上式为等式时，说明员工从过去到现在得到了公平对待。当上式为不等式时，说明员工当下没有得到公平对待，可分为两种情况（见表11-2）。

表11-2 公式OP/IP=OH/IH的两种不等式情况

公式不对等	解释	说明
OP/IP<OH/IH	员工对自己当下的投入产出比的感知，小于对过去的投入产出比的感知	员工会产生不公平感，导致工作积极性下降
OP/IP>OH/IH	员工对自己当下的投入产出比的感知，大于对过去的投入产出比的感知	员工不会产生不公平感，但也不会觉得自己所获报偿增加了，从而主动积极地工作

人人都有做出成就的动机

美国哈佛大学教授大卫·麦克利兰从20世纪40年代开始，对人的需要和动机进行研究，提出了著名的"成就需要理论"。

麦克利兰认为，人除了最基本的生存需要之外，还有三种更重要的精神需要——成就需要、权力需要和亲和需要。

1. 成就需求

这是一种争取成功，希望做得最好的需求。通常情况下，具有强烈成就需求的人渴望将事情做得更完美，以获得更大的成功。在争取成功的过程中，他们会主动积极地克服困难、解决难题，并取得相应的个人成就。因此，高成就需求者更喜欢那些具有挑战性的工作，他们反感凭运气捡到的成功，认为那不是成功，只是暂时的窃取。

这类人总是精心挑选目标，并严格地一步步实施。如果目标达成，会要求得到与之相匹配的荣誉；如果目标未达成，也会勇于承担责任。

比如，现在有两件事，一件是掷骰子，另一件是研究问题，获胜的概率都是三分之一。显然掷骰子更简单，研究问题有些难度。高成就需求者会毫不犹豫地选择研究问题，他们喜欢挑战，然后获得战而胜之的成就感。

通常情况下，高成就需求者有三个特点：

（1）在选择目标时避免没有难度的或难度过大的。没有难度的，即便成功也没有成就感；难度过大的近乎盲目冒险，难有成功的机会，也难有成就感。因此，他们会分析目标的难易程度，选择他们认为能够成功的最艰巨的挑战，以期待获得最强烈的成就感。

（2）喜欢能立即给予反馈的工作。了解目标的进度情况，对高成就需求者而言非常重要，因此他们希望得到有关工作绩效的及时明确的反馈，从而掌握自己的工作效果。

（3）物质奖励对高成就需求者的影响很复杂。一方面，他们并不看重成功所带来的物质奖励；另一方面，物质是成绩和地位的鲜明标志之一。因此，虽然不能确定物质对高成就需求者的激励作用有多大，但如果他们的薪酬无法匹配出色的工作业绩，就会产生不满。

麦克利兰认为，如果一家企业有很多高成就需求者，该企业就会快速发展；反之，一家企业内如果没有高成就需求者，也就很难生存。

2. 权力需求

这是一种影响或控制他人，且不受他人控制的需求。不同的人对权力的渴望程度是不同的，高权力需求者更注重争取地位和影响力，也更喜欢实施领导力。

麦克利兰将管理者的权力分为两种：①个人权力。这种权力的特征是围绕个人需求行使权力，在工作中需要及时反馈或亲力亲为。②职位权力。这种权力要求管理者与企业共同发展，从中体验到行使权力的满足感。

无论是个人权力，还是职位权力，高权力需求者在争取权力的过程中更喜欢让自己处于具有竞争性的场合或情境中，他们这样做并不是为了获得成就感，而是为了获得与成绩相对应的地位、权力，或者是能够获得地位、权力的机会。

3. 亲和需求

这是一种建立友好亲密的人际关系的需求，也是寻求被他人喜爱和接纳的需求。高亲和需求者喜欢主动与他人交往，并享受交往带来的愉快感。因此，他们喜欢合作，而不是竞争的工作环境，希望彼此之间多沟通与理解，对环境中的人际关系更为敏感。一些时候，亲和需求也表现为对失去某种亲密关系的恐惧和对人际冲突的回避。

麦克利兰指出，注重亲和需求是保持社会交往和人际关系和谐的重要条件，但如果过于注重亲和需求，会因此违背管理原则，导致不公平、不合理现象的出现。

总之，每个人都有做出成就的动机，只要搞清楚每个人的动机的性质，是高成就需求动机、高权力需求动机还是高亲和需求动机，就可以在激励因素的运用中"对症下药"，将激励效果发挥到最大，让员工以最饱满和积极的热情投入到工作中，创造最高的效率。

通过内部沟通提升员工投入度

在《哈佛商业评论》发表的《公司核心能力》中说，如果想让员工有主人翁的感觉，与其让其只有微乎其微的股份，不如让其在重要事情的决策中拥有发言权。

这句话的意思不在于否定股权激励的作用，而在于强调如何能给员工最大的激励。如果是华为、海尔、谷歌、脸书（Facebook）之类企业对员工进行股权激励，一定是有效果的，只需要一点点股份，员工可能就实现了梦寐以求的财务自由。如果是在高速发展期的准独角兽类公司对员工进行股权激励，也会有效果，毕竟谁都希望跟随企业一飞冲天的奇迹能出现在自己身上，员工在看到企业的发展前景后，是愿意拼一次的。但若是在一家长期保持营业规模不变的企业或者刚刚起步的初创企业，对员工进行股权激励，效果一定很差，毕竟在公司生死未卜的时候，在市场上蓝海几乎绝迹的当下，拿到属于自己的报酬对员工来说是最重要的，那些五年、八年甚至十几年以后的事，谁又说得准呢！所以，那些陷入瓶颈期的企业或处于初创期的企业领导者，不要想着给员工"画大饼"，这样的激励很难起到作用，不如另辟蹊径，提升员工的工作投入度。这里所说的"蹊径"，就是前文所说的"发言权"。

投入感来自参与，而参与体现在发言权上。无数事例表明，员工在工作决策中参与性的强弱，直接决定了其工作投入度的强弱。参与并不一定是投票权，更重要的是充分听取和考虑员工的意见。

参与性强的企业或组织让员工更投入，没有参与性的企业则将员工变成了"哑巴"。还有一些企业也懂得赋予员工发言权，希望员工能富有热情地参与到企业的经营中，但只希望员工做"事后诸葛亮"，即对既成事实的事后参与，员工只能对已经做出的决定和已经得到的结果做出反应。这种参与有什么吸引力呢？说对了什么问题不能解决，说错了还要遭到批评，什么都不说，岂不是更好。

之所以会有"事后参与"的情况，是因为领导者将自主权下放到具体执行层面，确实有难度，这涉及组织向心力的问题——如何确保每个人都能高度投入？如何让员工愿意参与公司范围内的活动、发展计划及具体讨论？一些管理者觉得自己的企业缺乏向心力，便不愿意下放自主权，但问题是，越不下放自主权，越不让员工参与企业的经营决策，企业越无法形成向心力。

提升员工投入度的目的是什么？是为了让员工更有激情和更加专注地在工作岗位上创造出更多的价值。不让员工参与到企业的经营决策中，员工就无法形成主人翁意识，即使多给一些薪酬也于事无补。

让员工参与企业的经营决策，就等于向员工开放内部沟通机制。设计沟通机制时必须考虑到人人可参与，避免单向沟通，避免事后沟通，避免无效沟通。

深度参与、可适用于更大范围、有自主权和影响力的内部沟通，有三种常见的方法。

1. 小组座谈

小组座谈适合人数 10 人（含）以下的团队，超过这个规模，参与就会产生问题。因为需要所有与会者同时到场，又需要与会者提出自己的问题，规模大的团队很难保证沟通时间，容易造成混乱。

即便是在这个规模内的团队，在实际操作中也容易将"小组讨论会"演变为"新闻发布会"。因为分配给问答的时间通常很少（占比四分之一以下），又为了让每个人／更多人参与，基本上每个人最多只能问一个问题，有的人可能还没有机会提问。即便提问者对回答者的答复并不满意或者还有疑问，也没有机会进一步提问。

之所以造成这样的局面，是因为担心浪费时间和造成麻烦，但这样做就无法通过集体会议的形式进行内部沟通讨论了。

我们的建议是控制座谈的问答时间占比，以达到一半为宜，预先将座谈内容通知与会人员，让参与者有时间充分准备，提出自己的问题。对会议之前即可确定的重要问题和座谈之中发现的重要问题，应进行反复讨论，即便不能讨论出最终结果，也要讨论出明确的大方向，确保沟通产生有利于员工执行和效率提高的决策。

2. 问卷调查

企业在做决策之前通过问卷调查的形式征求意见，是一种相当传统的方式，曾经被不少企业采纳，如今逐渐式微了。但这种方式仍然有其可取之处，可以用于企业内部大规模的意见调查。

问卷调查不是双向沟通，但也不是简单的单向沟通，而是两个独立的单向沟通渠道的连接。企业向员工发放问卷，员工只能针对问卷上的问题进行回答，是一种单向沟通；员工通过问卷的问题向企业反馈，此后就收不到企业的反馈了，同时也无法看到其他人对调查的反馈，是一种单向沟通。

我们建议必须丰富调查问卷的形式，最好是不设置选择题、判断题，而是多设置问答题，将封闭式问题变为开放式问题，允许员工在问卷上畅所欲言。在问卷上留白，允许员工对问卷以外的问题向企业反馈。企业要在适当的时间借助网络向员工反馈问卷的结果。并允许员工根据企业的反馈进一步追问，这样做可以极大地提升员工对于调查活动和日常工作的投入度。

3. 线上论坛

集体会议是面对面的交流，一些人会感到胆怯和不自在；视频说明和问卷调查不仅形式相对正式，反馈渠道也同样正式，需要正规的书面表达，员工对于比较正式的事情一般不愿做出过多的回应。

为了让员工能在更轻松的氛围下多参与，建议采用线上论坛的方式。线上论坛是有效的双向交流机制，员工可以随时访问，可以选择自己方便的时间和地点参与讨论，消弭了本地参与者与远程参与者的差异。论坛不需要实时回复，减轻了员工等待被反馈的心理压力。在论坛上陈述观点虽然需要书面形式，但并不需要很正式，既能缓解压力，又能在一定程度上促使员工对自己的想法更有责任心。

线上论坛这种参与方式，很多大型企业都在采用，一些企业甚至借助这种形式获得了强大的员工支持，创造了经营奇迹。根据企业所在的环境，我们给出几种论坛风格仅供参考（见图11-3）。

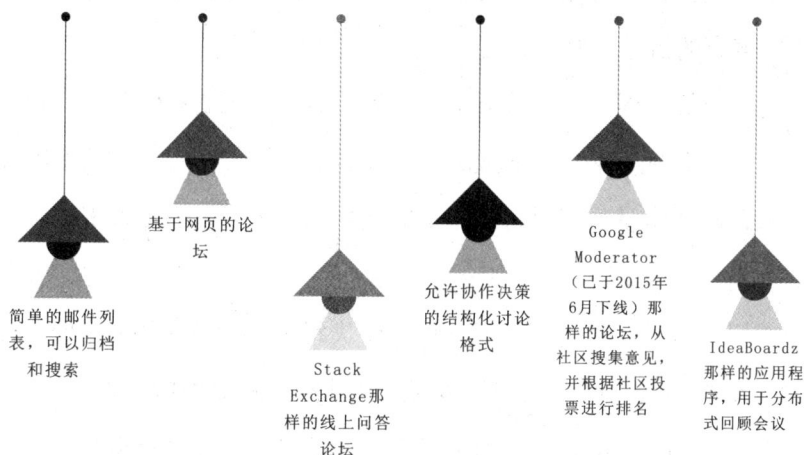

简单的邮件列表，可以归档和搜索

基于网页的论坛

Stack Exchange那样的线上问答论坛

允许协作决策的结构化讨论格式

Google Moderator（已于2015年6月下线）那样的论坛，从社区搜集意见，并根据社区投票进行排名

IdeaBoardz那样的应用程序，用于分布式回顾会议

图11-3 论坛风格

兼容组织目标与个人目标

很多企业管理者有一个误区，即一谈到组织目标，就必须屏蔽个人目标，好像组织目标与个人目标是一对死对头，"有你没我，有我就没你"。之所以管理者有这样的认知，是因为对组织目标和个人目标缺乏正确的理解，认为强调个人目标会干扰组织目标的实现。但是矛盾点在于，在不谈

论个人目标的情况下，员工没有多少士气去实现组织目标。

其实，组织目标与个人目标并非相悖的，而是可以兼容的。更准确地说是完全共生的，还应是你滋养我、我回馈你的和谐关系。

组织目标是指公司或团队所追求的长期或短期成就，而个人目标是员工为了自身职业和生活而设定的目标。

组织目标通常是企业的长期愿景和短期目标的总和，包括市场份额的增加、利润的提高、产品质量的改进等。组织目标是企业前进的方向，是员工共同努力的指导原则。

与组织目标不同，个人目标是员工为了实现个人职业生涯价值和生活愿望而设定的目标，涵盖了职业晋升、技能发展、工作与生活的平衡等方面。个人目标通常是员工对自己未来的规划和追求，它们多种多样、因人而异。

要兼容组织目标与个人目标，首先要找到它们之间的共通之处。这意味着识别组织的使命与个人的价值观、技能和兴趣之间的交汇点。例如，如果企业强调创新，而员工也对创新有浓厚的兴趣，那么这就是一个共通之处。

其次，组织和员工都可以通过制订清晰的企业发展规划或职业发展计划来实现目标的兼容性。在这个过程中，员工必须考虑如何将个人目标与组织目标相结合。或者寻找在企业内部晋升的机会，或者在工作中应用个人技能以促进组织的成功。

再次，实现组织目标与个人目标的兼容，需要良好的沟通与协作。员工应与管理层沟通自己的个人目标，以便管理层了解他们的需求和抱负。同时，管理层应该在可能的情况下提供支持和资源，以帮助员工实现他们的个人目标。

最后，组织和员工应该从这种兼容性中获益。企业在实现组织目标的过程中，可以让员工获得更多利益；员工在实现个人目标的过程中，可以为组织的成功做出贡献。这种相互受益的关系，有助于员工感到满足和投入，同时也有助于组织实现其目标。

当然，组织目标与个人目标的兼容不是一蹴而就的，而是需要持续评估和调整的过程。组织和员工都应定期审视自己的目标，确保它们仍然保持一致，并做出必要的调整以适应变化的情况。

总之，实现组织目标与个人目标的兼容是一个挑战，但它是可以实现的。当组织和员工能够相互理解、支持和合作时，这种兼容将为企业的长期成功和员工的职业发展提供坚实的基础。通过明确目标、沟通和协作，组织和员工可以在追求各自的梦想的同时，实现共同的成功。

第十二章　水样团队：从个体效率汇集为集体效能

"上善若水，水善利万物而不争。"水是天下之至柔，却能驰骋于天下之至坚。

企业要打造的就是水一样的团队，可以无处不在地响应用户需求，无孔不入地高质量执行任务，无往不利地排除一切苦难，又无边无际地提升实力的边界，无所不包地将个体效能汇集为集体效能。

但个体效能加总并不必然等于集体效能，就像纳什均衡理论所阐释的，并不是每个人的个体利益相加，便会得到最大的社会公共利益。工作流程中只有一道程序效率高并无意义，需要各道程序协同合作，才能实现集体效能的提升。

团队设计的响应性高于成本最优

很多企业管理者都将保持成本最优视为根本，认为只要达到了这一点，企业就会始终走在成功的道路上。但现实是，很多企业始终都保持着成本最优，但依然退出了历史舞台。柯达就是很典型的案例，一直到被正式宣布死亡的那一天，柯达都基本保持了成本最优，但还是输了。原因在于，

184

柯达的产品落后了，在世界上已经开始流行数码相机时，柯达还停留在胶卷相机领域，力争将每一款产品都做到尽善尽美，也将每一款产品的成本控制在最优状态。正是因为柯达埋头于打造完美的胶卷相机，而忽视了市场上广大用户的呼声，在本应该掉转方向的时候，始终没有响应用户的需求，待到想掉头时为时已晚了。

面对惨烈的现实，越来越多的管理学理论都注重对"团队响应性"的阐述，认为在企业面临的诸多挑战中，如何在团队设计中平衡高响应性和成本效益，是非常重要的一项挑战，因为响应性总会在企业一片欣欣向荣的情况下被忽视，而在企业哀鸿一片时被当作救命稻草。

高响应性是团队能够快速适应变化、迅速采取行动并有效地解决问题的能力。这种能力对于应对市场的快速变化、用户需求的不断变化以及意外事件的发生至关重要。高响应性的团队能够更快地适应变化、识别问题、制订解决方案并实施行动计划，从而将效率最大化，并由此提高企业的竞争力。

网飞是一家全球知名的在线流媒体娱乐公司，以其高度响应性的团队而闻名。网飞一直将用户需求置于核心位置，积极采用大数据分析工具关注用户反馈，以理解用户的口味和喜好。网飞不仅有扁平化的管理结构，还鼓励团队在不同层次上做出决策。发现问题可以快速上报并得到解决，而不需要通过复杂的层级。网飞拥有来自世界各地的多样化团队，能够更好地理解和满足全球观众的需求。他们的团队分布在全球，有助于更好地应对不同市场的文化和趋势。

网飞展示了高响应性团队如何在竞争激烈的流媒体行业中取得成功。尽管高响应性对企业至关重要，却不能忽视成本效益。企业需要在追求高响应性的同时，确保成本保持在合理范围内。这就要求团队在设计和执行中找到平衡点，以下是一些方法：

（1）投资于培训和技能发展。团队成员需要具备高响应性的技能和意识，投资于培训和技能发展可以提高团队的能力，使他们更好地应对变化。

（2）自动化和数字化。采用自动化和数字化工具可以提高效率，降低成本，并加速决策和执行的速度。

（3）灵活的组织结构。构建灵活的组织结构，可以使团队更容易适应变化，并减少因结构限制而产生的成本。

（4）数据驱动的决策。使用数据来支持决策可以降低风险，同时确保决策更为敏捷，也更具有适应性。

亚马逊注重快速交付和满足用户需求，即使意味着高运营成本，其仍然坚持通过建立强大的供应链、自动化仓库和快速物流网络，实现高度的响应性。这种高响应性使亚马逊能够在市场上保持竞争优势，尽管成本较高。

亚马逊的案例展示了高响应性如何胜过成本最优。在现代商业环境中，高响应性对于团队设计至关重要。尽管成本控制仍然重要，但高响应性能够使企业更好地应对挑战、适应变化，并满足用户需求。

太多的"进行中"导致团队超负荷

在现代商业世界中，速度和效率常常被视为成功的关键要素。然而，在追求速度的过程中，一些企业可能落入了一个陷阱：进行中的项目过多，程序也过多，导致团队超负荷运转。

项目过多，就需要进行项目管理。项目管理是一种集成的、系统的方法，用于指导项目团队的各项工作，以实现项目的目标。涉及从项目启动到项目收尾的整个生命周期，包括对项目范围、时间、成本、质量、风险和人力资源等方面的管理。项目管理的目标通常是实现项目目标，同时满足或超过利益相关者的需求和期望。

太多进行中的程序是指企业同时进行的多个项目、计划或活动。这些程序可能包括产品开发、市场营销、内部流程改进等。虽然多任务处理在某种程度上是正常的，但当这些程序数量过多时，会导致团队陷入超负荷状态。

超负荷的具体表现如下：

（1）降低工作质量。团队成员精力分散，难以专注于单个任务，导致工作质量下降。

（2）延误和拖延。太多的"进行中"会导致资源分散，使项目完成时间变得不可控制，产生延误和拖延。

（3）增加压力和疲劳。团队成员需要应对多个紧急任务，工作压力增加，长期会导致疲劳。

（4）低效率。"进行中"的项目过多，必然要频繁地切换任务，浪费时间，工作效率低下。

导致这种情形的原因如下：

（1）缺乏优先级。企业没有明确定义项目的优先级，导致一切都显得紧急而重要。

（2）不善于说"不"。团队难以拒绝新项目或新任务，导致过度承担工作压力。

（3）领导层的期望不切实际。领导层期望团队同时处理多个项目，以迅速实现目标。

如何应对太多进行中的程序，确保团队不超负荷呢？

策略1：优先级排序

明确定义项目的优先级，确保团队专注于最重要的任务。将所有项目按照其战略重要性、截止日期、资源需求等因素进行排列，以便更清晰地了解哪些项目应该优先进行。

案例：假设你是一个软件开发团队的负责人，有多个项目同时进行。其中一个关键客户的项目对公司的发展至关重要，因此它应该被排在最高优先级。

策略2：制订明确的计划

为每个项目制订详细的计划，包括任务分配、时间表和关键里程碑，确保团队知道每个项目的工作内容，以及何时完成。在制订计划时，应多考虑采用自动化工具，优化流程，以提高工作效率。

案例：在项目计划中，团队可以列出每个功能的开发时间，以及在哪个阶段需要进行客户反馈和测试。

策略3：资源管理

确保团队具备足够的资源来支持项目，以避免过度依赖有限的资源，包括人员、技术和资金等。如果资源不足，可能需要重新分配或寻找额外的支持。

案例：如果某个项目需要更多的开发人员，可以考虑从其他非紧急项目中调配资源，以确保关键项目按计划进行。

策略4：定期监测和更新

持续监测项目的进展，并根据需要进行更新。有时候，项目的优先级可能会发生变化，或者某些项目可能会遇到问题，需要调整计划。

案例：如果一个项目的客户提出了紧急的变更请求，就需要重新评估项目的优先级，并相应地更新计划。

策略5：使用项目管理工具

使用项目管理工具，如Trello、Jira，帮助团队更好地组织和跟踪项目。这些工具可以提供任务分配、时间线、提醒和协作功能。同时，必须采用有效的项目管理方法，确保项目的时间表和资源得到充分的管理和监控。

案例：使用 Trello 为每个项目创建一个面板，将任务卡片拖放到适当的列表中，以表示其状态（例如，待办、进行中、已完成）。

策略 6：沟通和协作

确保团队成员之间的良好沟通和协作，定期召开会议，分享项目进展和问题，并鼓励团队成员提出建议和解决方案。同时，作为团队领导者，要善于和敢于说"不"：拒绝能力范围之外或时间范围之外的新项目或新任务。同时，要鼓励员工定期休息，保持工作和生活的平衡，以避免过度疲劳。

案例：在每周召开的团队会议上，成员可以分享他们的项目进展和遇到的挑战，以便整个团队能够协作解决问题。

策略 7：风险管理

识别潜在的项目风险并制订风险管理计划，减轻在项目过程中可能出现的问题对团队造成的影响。

案例：如果某个项目的关键环节出现延迟，可以在风险管理计划中预先考虑替代方案，以最小化可能产生的不利影响。

太多进行中的程序可能是企业面临的一项挑战，但通过以上策略，团队可以更好地管理多个进行中的项目，避免团队超负荷，提高工作效率，确保高质量的成果。切记：维持适度的工作负荷是实现长期成功的关键。

团队节奏统一，且定期交付

在当今竞争激烈的商业环境中，团队的协作和效率变得至关重要。团队节奏统一且定期交付成为许多组织成功的关键因素之一。

团队节奏统一，是指团队成员在工作中保持一致的速度和节奏，不仅包括工作速度，还包括沟通、决策和目标设定的速度。团队成员之间的节奏不一致可能会导致混乱、延迟和不必要的问题。统一的节奏有助于提高团队的协作和协同效率，使团队能够更快地取得成果。

定期交付，是指团队在项目开发或任务执行中不断交付可用的成果或部分成果。与传统的执行方法不同，定期交付强调小步快跑，将项目分解成多个可交付的部分。这种方法有助于及早发现问题、降低风险，并使团队能够更快地响应变化。

为什么团队需要保持统一的节奏呢？

首先，统一的节奏有助于团队保持一致性。当团队成员都以相似的速度工作时，更容易协调和合作。这有助于避免冲突和混乱，可以提高工作效率。

其次，统一的节奏有助于团队更好地规划和执行项目。当团队成员知道彼此的工作进展和时间表时，可以更好地协调工作，确保项目按计划推进。这降低了项目延迟的风险，有助于按时交付。

最后，统一的节奏可以提高团队的适应性。在快速变化的商业环境中，灵活性是成功的关键。如果团队成员都能迅速调整自己的工作节奏以适应新的情况，那么团队将更有可能成功。

为什么团队的定期交付如此重要呢？

首先，定期交付有助于提高产品质量。通过在执行过程的早期阶段交付可用的成果，团队可以及早发现和解决问题，从而减少了后期的修复成本。

其次，定期交付有助于提高用户满意度。用户往往希望尽快看到产品或服务的成果，而不是等待几个月甚至更长时间。定期交付可以满足用户的需求，增强用户对团队的信任。

　　最后，定期交付有助于降低出现偏差的风险。通过定期交付部分成果，团队可以更早地发现潜在问题，并采取措施来降低风险，确保项目按计划进行，并避免不必要的延迟和成本增加。

　　综上所述，团队保持节奏统一且定期交付对于企业的成功至关重要。统一的节奏有助于提高团队的协作和协同效率，而定期交付则有助于提高产品质量、用户满意度等。企业应该积极采用这些方法，以确保其在竞争激烈的市场中保持优势。以下是几个保持团队节奏统一和定期交付的方法：

　　（1）明确目标和计划。确保每名成员都清楚了解团队的目标和计划，以便大家在相同的方向上努力，保持团队的统一性。

　　（2）详细的任务分配。将任务和责任明确分配给每位团队成员，确保每个人都知道自己的职责和工作范围。这样可以避免任务重叠或遗漏，从而保持团队的协调性。

　　（3）及时反馈和调整。定期召开会议，分享进展、讨论问题和解决方案。密切关注任务进展和团队动态，及时获取反馈并做出调整。一旦发现偏离计划或预期的问题，立即采取行动解决，以确保团队能够定期交付。

　　（4）激励与持续改进。对团队成员的努力和成功给予认可和奖励，以提高其士气和动力，从而促进团队的统一和协调。鼓励团队成员分享经验教训，并就最佳实践进行讨论。通过持续改进，团队可以不断提高效率和质量，从而实现定期交付。

　　总而言之，要保持团队节奏统一和定期交付，需要持续的努力和良好的团队协作。如果遇到困难或挑战，不要灰心丧气，与团队成员一起寻找解决方案，相信能克服任何困难。

团队有权"裁剪"自己的工作流程

工作流程是组织内各种活动和任务的指南，它们确保工作按照一种有序的方式进行，以实现特定的目标。然而，在不断变化的环境中，传统的、静态的工作流程可能变得僵化和不适应实际需求。

因此，给予团队权力调整和优化工作流程，对于提高组织的适应性、灵活性、创造力和工作效率都至关重要。这种"裁剪"有助于团队更好地适应不断变化的情况。然而，调整工作流程是一件严肃的事情，必须有固定的规范要求。因此，需要企业领导层和团队管理者进行详细讨论，以确保调整和优化后的工作流程与整体企业的目标和策略保持一致。同时，团队还应该遵守企业内部的规定和政策，以确保合规性。

工作流程通常包括任务分配、沟通、审批和监控等环节，以确保工作能够高效地进行。工作流程的重要性在于它提供了一种结构化的方式来进行管理工作，从而提高了企业的效率，增强了其可预测性和合规性。

为什么团队可能需要调整和优化工作流程呢？

（1）适应性。不断变化的市场和技术环境需要企业快速适应新的情况和机会，灵活的工作流程能够帮助企业更好地应对这些变化。

（2）效率提升。团队通常能够识别工作流程中的瓶颈和低效环节，并提出改进方案，以提高效率和生产力。

（3）创新。给予团队权力来调整和优化工作流程可以激发创新，尝试新的方法和工具，以寻找更好的解决方案。

结合具体的企业管理模式与任务执行情况，团队可以采用多种方法来调整和优化工作流程，包括以下方面：

（1）敏捷的方法。强调持续改进和自组织，鼓励团队根据需求动态地调整工作流程。

（2）流程映射。通过绘制当前工作流程的流程图，团队可以更清晰地看到各个环节，并识别潜在的改进机会。

（3）技术工具。利用各种工作流程管理工具和软件，团队可以更好地协作和跟踪任务的进展。

此外，团队在调整和优化工作流程时，应与企业领导层和团队管理层密切合作，包括沟通变更计划、获得支持，确保变更与整体企业战略一致。其中，沟通和协作是调整和优化工作流程得以成功的关键因素。

虽然团队有权调整和优化工作流程，但仍然需要遵守企业内部的规定和政策，以确保合规性。此外，团队还需考虑潜在的风险，并采取适当的措施来降低这些风险。

总之，团队有权调整和优化工作流程是一项关键的管理实践，有助于企业更好地适应变化、提高效率和创新，同时也能更好地激发团队成员的积极性和创造力。通过合作和适当的风险管理，企业可以确保这种灵活性不会牺牲合规性和整体目标的一致性。因此，赋予团队这种权力可以帮助企业实现更高水平的成功。

经常进行反馈循环

反馈循环是一种重要的学习和改进工具，可以应用于各种领域，从个人发展到组织管理；可以应用于不同层面和情境，包括个人、团队和组织。反馈循环的核心原则是不断迭代和学习，以实现更好的结果。

要实现团队高效率，经常进行反馈循环是一种有效的方法。反馈循环是一种系统性的过程，旨在持续获得信息、评估团队的行动，并根据这些信息调整和改进工作方法。建议企业范围的整体性反馈，以每月 1 次或每半月 1 次为宜；部门级别的反馈，以每周 1 ~ 2 次为宜；团队或小组级别的反馈以每天 1 次为宜，遇到关键问题以随时反馈为宜。

为什么团队需要反馈循环？

（1）识别问题。反馈循环可以帮助团队及时发现问题和挑战，而不是等到它们演变成不可控制的情况才来应对。

（2）促进学习。反馈循环有助于快速调整和改进，促进个人和组织的学习和成长。通过反馈，团队成员可以不断学习，发展新的技能，提高绩效。

（3）增强沟通。有效的反馈有助于改善团队内外的沟通，建立良性沟通环境，减少误解，增进合作。

（4）提高绩效。通过不断收集和分析反馈，团队可以识别问题并采取纠正措施，以提高工作绩效。

（5）适应变化。在快速变化的市场中，反馈循环可以帮助团队适应新的挑战和机会，迅速调整战略。

反馈循环是定期向团队提供关于各自工作的反馈信息的过程。越是经常提供建设性的改进建议，团队就能越快速地从错误中学习并提高，持续对团队的效率提升产生影响（见图 12-1）。

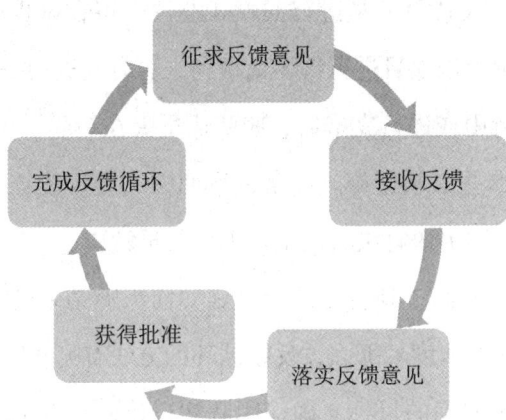

图12-1　反馈循环五个步骤

在图 12-1 这个反馈循环中，每个团队成员都需要了解它是如何工作的，因为反馈循环的良性运作是团队共同努力的结果。

通过反馈，团队能够识别问题、学习、改进沟通，并适应不断变化的环境。团队领导者和成员应该积极推动反馈文化的建立，确保团队能够不断提高绩效，取得更大的成功。

营销公司 A 每周都会组织营销策略会议，由成员分享他们的工作进展和问题。通过反馈循环，团队能够迅速调整广告和推广活动，以适应市场变化，提高销售额。

软件开发团队 B 每日召开会议，成员一起讨论工作中遇到的问题和取得的进展。会议提供的反馈循环的机会，有助于团队了解当前状态，及早发现问题，解决问题。

技术支持团队 C 每日进行短会议，成员分享他们的工作进度和面临的技术挑战。频繁的反馈循环可以确保项目按时交付，减少错误。

教育机构 D 要求任教老师每月与学生进行一次反馈会议，讨论学习进度和学生需求。通过反馈，老师可以调整教学方法，提高学生的成绩和满意度。

反馈循环的一大特色就是进行回顾式会议，可在过程中的任何阶段展开，回顾的逻辑是无论项目进行得多么顺利，总有改进的空间。

每个阶段进行中或进行完毕后，团队成员聚在一起，讨论哪些做得好，哪些可以改进，哪些必须摒弃。经常进行回顾式会议能够帮助团队在问题较为轻微、更容易和更快解决时及早发现、及早解决。

总之，通过让人们看到自己的行为是如何影响结果的，反馈循环加快了个人或团队的学习速度。那么，反馈循环的方法有哪些呢？

第 1 步，设定明确的目标。确保团队知道他们正在追求什么，以便反馈更有针对性。

第 2 步，多样化的反馈来源。不仅仅依赖内部反馈，还要考虑用户、合作伙伴和其他利益相关者的反馈。

第 3 步，鼓励开放和坦诚的反馈。团队成员应该能够自由地分享意见和问题，而不用担心负面后果。

第 4 步，设立反馈机制。建立定期的反馈会议，利用工具，以确保反馈的连续性。

第 5 步，制订行动计划。基于反馈信息，制订并执行改进计划，确保问题得到解决。

第 6 步，持续迭代。反馈循环应该是一个不断改进的过程，团队应不断学习并调整。

第十三章 卓越运营：借助效率冲刺，书写时代启示录

冲刺模式通常用于项目管理或团队协作，以便快速而高效地完成工作。通过卓越的运营能力，有的放矢地集中努力，帮助企业更好地满足市场需求、降低成本、提高质量、提高效率和绩效，增强竞争力，从而实现可持续发展。

用 SCOR 模型阐述供应链运作原理

SCOR（Supply-Chain Operations Reference）模型，即供应链运作参考模型。SCOR 是供应链的诊断工具，它适用于所有行业。SCOR 使企业间能够准确交流供应链问题，客观评测其性能，确定性能改进的目标，并影响今后供应链管理软件的开发。

SCOR 模型把业务流程重组、标杆比较和流程评测等著名的概念集成到一个跨功能的框架之中，是一个为供应链伙伴有效沟通而设计的流程参考模型，是一种帮助管理者聚焦供应链问题的标准语言。

SCOR 模型将供应链界定为计划（Plan）、采购（Source）、生产（Make）、配送（Deliver）、退货（Return）五大流程，定义了供应链运作参

考模型的范围和内容（见图 13-1）。

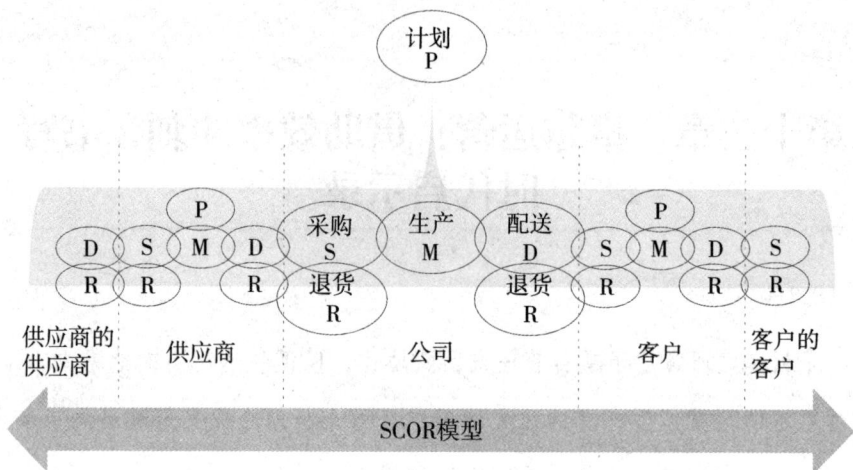

图13-1　SCOR模型的五大流程

计划流程——需求 / 供应计划

（1）企业经营的整体计划工作。包括评估企业整体生产能力、总体需求计划，以及针对产品分销渠道进行的库存计划、分销计划、生产计划、物料及生产能力计划。

（2）企业经营的其他环节的计划工作。包括制定采购决策、设计供应链结构、规划资源与长期生产能力、确定产品生命周期、管理产品衰退期与管理产品线等。

采购流程——寻找供应商 / 物料收取

（1）物料工作。包括获得、接收、检验、拒收与发送物料。

（2）核心采购工作。包括供应商评估、采购运输 / 品质 / 合约的管理、进货运费条件管理、采购零部件规格管理等。

（3）原材料仓库工作。包括原材料运送管理、付款条件管理、安装进度管理等。

（4）采购支持工作。包括采购业务规则管理、原材料存货管理等。

生产流程——生产运作

（1）生产前的工作。包括申请及领取物料、产品制造和测试、包装出货等。

（2）生产中的工作。包括工程变更、生产状况掌握、产品质量管理、现场生产进度管理、短期生产能力计划、现场设备管理等。

（3）生产后的工作。包括在制品运输管理、制造业务规格管理、在制品库存管理等。

配送流程——订、存、运、配

（1）订单管理工作。包括订单输入、报价、用户资料维护、订单分配、产品价格资料维护、应收账款管理、授信、收款与开立发票等。

（2）产品库存管理工作。包括存储、拣货、按包装明细将产品装入箱、制作用户特殊要求的包装与标签、整理确认订单等。

（3）产品运输安装管理工作。包括运输方式安排、出货运费调缴管理、货品安装进度安排、进行安装等。

（4）配送支持工作。包括配送渠道选择、配送存货管理、配送品质掌握、产品进出口业务等。

退货流程——退返相关

（1）原料退回工作，主要是退还原料给供应商。包括与商业伙伴沟通、原料实体的返还与运送等。

（2）产品退回工作，主要是接收并处理从用户处返回的产品。包括与用户沟通、与商业伙伴沟通、商品返还及退款处理等。

SCOR 模型将供应链界定为五大流程的同时，分别从供应链划分（也称流程分类）、流程配置和流程元素三个层次切入，描述各流程的标准定义、对应各流程绩效的衡量指标，提供供应链的最佳实施方案（见表 13-1）。

表13-1　SCOR模型的三个层次

层次	适用性
第一层 流程分类	业务和运营战略 核心竞争力的基础 基本的供应链绩效指标
第二层 流程配置	供应链网络的架构 流程战略 绩效指标的元素
第三层 流程元素	基本流程 诊断指标 最佳实践 软件支持

注：若再细分还可以有第四层，即流程的执行细节，阐述详细的流程和规格、职能和职责。

综上所述，运用SCOR模型可以使企业内部和外部用同样的语言交流供应链问题，客观地评测其绩效，明确供应链改善的目标和方向。

在细分市场快速聚焦用户

在竞争激烈的商业环境中，企业需要不断寻找新的机会来获得竞争优势。细分市场是一种策略，允许企业将注意力集中在特定的目标用户群体上，通过满足其特殊需求和愿望，将企业运营的效率全面提升。

细分市场是指将大的市场细分为更小、更具体的市场部分，其中的消费者共享类似的需求、偏好或行为。这种细分可以基于多种因素进行，包括地理位置、年龄、性别、收入水平、兴趣爱好等。细分市场的目的是更好地了解目标客户，并提供更精确、有针对性的产品或服务。

在细分市场聚焦用户，主要有以下三种益处：

（1）满足特定需求。通过细分市场，企业可以更深入地了解特定客户群体的需求和愿望，在此基础上定制产品、服务和营销策略，以更好地满足这些需求。

（2）降低竞争压力。在细分市场中，竞争往往较小。这意味着企业有机会获得更大的市场份额，而不必与大型竞争对手进行直接竞争。

（3）建立用户忠诚度。通过为特定细分市场提供高质量的产品和服务，企业可以建立客户忠诚度。忠诚的客户通常更愿意购买产品，并推荐给其他人。

企业在细分市场快速聚焦用户主要有三大步骤。

步骤1，市场研究和数据分析。要在细分市场聚焦用户，市场研究和数据分析是至关重要的，具体方法如下：

（1）市场调查。进行定性和定量的市场调查，以了解目标用户的需求、喜好和行为。

（2）竞争分析。研究竞争对手在细分市场中的表现，了解他们的优势和劣势。

（3）数据挖掘。利用大数据技术分析用户行为和交易数据，以发现模式和规律。

（4）社交媒体分析。监控社交媒体上的用户反馈和讨论，以了解他们的意见和需求。

步骤2，个性化营销。当了解了目标细分市场后，个性化营销是快速聚焦用户的有效方法，具体方法如下：

（1）个性化内容。创建定制的内容，以满足特定细分市场的兴趣和需求。

（2）个性化产品或服务。根据用户的需求和偏好，定制产品或服务。

（3）定制化的优惠和促销活动，提供个性化的折扣和促销活动，以吸引目标用户。

步骤 3，创新和不断改进。细分市场中的用户通常对创新和改进非常敏感。因此，企业需要保持灵活，不断改进产品和服务，以满足客户需求。具体方法如下：

（1）持续的研发。投资研发，以开发新的产品功能或提高现有产品的性能。

（2）反馈循环。收集用户反馈，并将其用于改进产品和服务。

（3）市场试验。不断测试新的市场策略和创新，以查看哪些效果最好。

像华为这样细分市场的企业，在行业内几乎肯定可以生存下来，并能得到长足发展，做大做强也是理所当然的。华为将主赛道一分为三，形成了"NA 市场赛道""商业市场赛道""分销市场赛道"三条线并重的格局。其中，NA（Named Account，价值客户）市场主要是针对大型的政企客户，同时将"NA 市场赛道"细分到场景，且明确定位为生产应用场景；将"商业市场赛道"细分到行业，且明确定位为新兴中小行业；将"分销市场赛道"细分到区域，且下沉至区县市场。

1.NA 市场细分到场景

华为在 NA 市场聚焦几百家行业头部用户，集中发力将 NA 市场打造为华为的灯塔、行业数字化的灯塔。为此，华为有一句响亮的口号："建一批灯塔，做百个场景，拓万亿市场。"

"华为中国合作伙伴大会 2023"期间，华为发布了涉及智慧电力、智能铁路、煤矿综采等七大旗舰行业解决方案，无一例外都已深入行业生产场景，直指用户业务痛点。可以看出，华为的思维，就是聚焦用户，拓宽应用场景；聚焦合作伙伴，拓宽生态能力。

2.商业市场细分到行业

华为非常注重培养和支持具有"自打单"能力的合作伙伴，其联合团队只对商业市场负责，只服务于商业市场的合作伙伴。华为的责任就是做好平台级的后勤保障工作，让冲在最前边的合作伙伴可以随时呼唤炮火，在项目的任何环节都能得到华为的强力支持。

外界将华为比作"犁地的耙子"，正在一寸一寸地梳理商业市场，对商业市场的细分已经关注到了新兴中小行业。例如，深圳正在发展培育"20＋8"产业集群，华为也在此维度锁定用户，寻找与用户需求匹配的合作伙伴。

3.分销市场细分到区域

华为原有的组织架构、业务流程是围绕NA市场设计的，但当NA市场向生产场景延伸，商业市场的成功案例开始出现在细分行业后，华为知道应该在分销市场有一些变化了。

只有产品技术匹配、业务流程匹配、合作伙伴匹配，分销才是庞大的、充满活力的市场。华为看清楚了分销市场的方向，面向分销市场发布坤灵品牌，以及七大系列坤灵产品，缩短了销售通路流程，明确以分销商为主，以工程商为中心。

华为将分销业务的支撑平台下沉到各省级城市，将业务延伸到县区市场，建立较短的销售通路，具体为"分销金牌——分销精英——工程商/安装商"。

"T+3模式"打开效率之核

供应价值链在实现高效协同之后，市场细分能快速聚焦用户，但真正的核心还是在于不断提效，只有以效率为内核的能力才是企业全价值环节难以复制的核心能力。

可以肯定地说，任何企业都希望实现高效运营，但时代的进步、环境的改变、竞争模式的转化、人力资源的进阶，都预示着旧模式的失败。曾经大规模制造、大规模囤货、大规模分销的粗放单一的产销模式，越来越无效。高速增长的规模优势消失了，以要素成本为主的低成本优势也消失了。

市场竞争发生了颠覆性改变，从增量竞争转为存量竞争；线上平台高速发展，线下体系被不断突破；个性化消费模式不断涌现，多品种、小批量替代少品种、大批量。

正因上述原因，企业传统运营模式下的优势已经荡然无存，如果一直走在老路上，则永远到不了新的地方。等待企业的只能是效率低下、库存高企、成本增加、渠道迟滞。

改变的号角催促着企业必须主动告别旧时代，积极迎接新变化，进行自我革命。在此，我们推荐"T＋3模式"，以用户需求为导向、高效交付用户订单。

"T"代表周期，是一款产品从用户下单到送达用户手中所经历的周期；"＋3"即代表三个周期，"T＋1"为备料期，"T＋2"为生产期，"T＋3"为发货期。每个周期需要的时间，直接决定了用户体验。如果一家企业要求每个周期7天完成，那么走完四个周期就是28天，意味着将近一个月用户才能收到货，很难让用户有好的体验。因此，必须缩短每个周期的时间，才能给用户带去好的体验。

以美的为例，最初设想的周期是7天，因为这样的设定在企业的角度已经很快了，但在用户的角度则太久了，企业不可能向用户解释"为什么要一个月才发货"。后来美的内部要求必须做到每个周期3天完成，从用户下单到收货，不能超过12天（见图13-2）。这样的规定给美的内部带来巨大的动荡，因为集团内存在着大小家电的产品差异、空调与洗衣机明显的淡旺季差异等客观情况，但美的克服了种种困难，终于将周期缩短为 3 天，"T＋3"模式在所有事业部都成功复制。

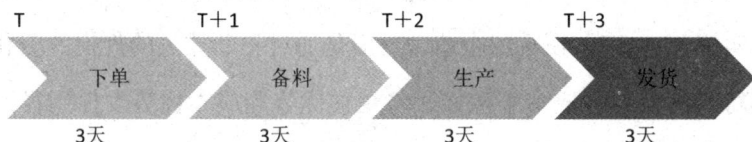

图13-2 美的"T+3"模式

为了更好地理解"T＋3"模式，我们分别从产销模式、业务模式、商业模式三个层次进行详细分析。

层次 1，"T＋3"模式是新产销模式

传统产销模式是层层分销、打款压货、以产定销的储备订单模式。"T＋3"模式是用户下单、以销定产的模式。

可见，"T＋3"模式完全颠覆了以往的产销传统，将推式的以厂家为主升级为拉式的以用户为主。

层次 2，"T＋3"模式是创新变革的业务模式

企业为了实现"T＋3"模式，要在营销端、研发端、供应链端、生产端、物流端等多个业务环境进行变革，以适应新模式。仍旧以美的业务模式变化为例：

（1）供应链端。从原来的多物料、长周期、高库存转变为物料细化管理、差异化供货。

（2）研发端。从被动接受产品开发任务转变为平台整合、精简 SKU（最小存货单位）等多种源头管理。

（3）生产端。从原来的按产品类型汇总排单生产转变为按用户订单、多批量生产。

（4）营销端。从原来的营销分部对经销商转变为总部直接面对经销商。

（5）仓储物流端。从代理商的多地多仓库转变为线下直发、协同仓储共享。

层次3，"T＋3"模式是全价值链协同的商业模式

未实施"T＋3"模式的企业，一般是通过不断放大的规模效应和看得见、摸得着的低要素成本来赚钱，将规模优势和成本优势发挥到极致。实施"T＋3"模式的企业则是通过效率驱动，重新构建新成本优势。

仍以美的为例，从"T＋3"模式的下单、备料、生产、发货这四个周期看美的都做了哪些改变。

T：3天下单——重点推动营销变革和营销精细化管理。

营销变革包括：①考核。通过刚性考核打破淡旺季束缚，考核口径由考核提货改为考核分销。②供价。全国线上线下统一供价，保证价格透明。③下单。鼓励用户先下单、先提货、后付款，形成良性竞争。④型号。精简产品型号，贯彻爆款理念，产品系列化、家族化。

营销精细化管理包括：①库存控制。对自由库存和渠道库存进行严格管控，推动代理商勤进快销。②下单均衡。改变下单原来都集中在月底和特价时期的情况，在时间节奏上和订单结构上进行均衡操作。③引导用户。培训和引导用户下"T＋3"模式订单，由原来的月度只下一次单改为多次下单。④终端分销。鼓励和帮助用户在渠道拓展、终端分销上不断深入，形成良性销售。

T＋1：3天备料——重点体现研发端和供应链端的变革。

研发端变革主要表现为从源头降低物料数量，具体操作方式为大力推动标准化工作，精简平台和型号，加强通用化、模组化设计。

供应链端变革分为物料管理和供应商管理两部分：①对物料进行分类管理。通过全面检查，分出短期、中期、长期物料，同时结合研发端需求减少非标物料与中长期物料占比。②供应商进行风险管理。清理独家供货情况，不断优化供应链，倒逼供应商也推行"T＋3"模式。

T＋2：3天生产——重点体现制造柔性提升和产销双向考核。

制造柔性提升包括：①生产管理改善。严格执行3天刚性计划，物料预约、分时到货的管理。②柔性时序排产。打破原有型号汇总的方式，完全按用户订单排产。③可制造性改善。体现为快速换线、快速转产方面的优化，专人清理尾数和日清日结。④品质保障。提升品质检验方法，建立异常反应机制。

产销双向考核包括设置两个方面的指标：①对营销设置订单均衡性指标。改变集中下单和随意插单的情况，提升订单均衡性；②对制造设置接单率、齐套率指标。优化产地布局，提升制造柔性。

T＋3：3天发货——重点体现在仓储整合、时效改善、厂户连接、动作提升上。

仓储整合体现为持续库存管控，压缩仓库面积，倒逼加快提货。

时效改善体现为采取订单按时齐套、物流按时到车、优化预约、专线物流等方式。

厂户连接即生产工厂与用户直连，生产完工后，直接在工厂下线检验，合格后装车发货。

动作提升是对超期开单未提货和准时到货率严格管控，定期通报、月度滚动检讨，提升物流发运及时率。

通过上述分析可知，推动"T＋3"模式是"牵一发而动全身"的，但为了满足用户需求这"一发"，要对价值链全局上的所有环节都进行改造。要想端到端拉通产销价值链，就必须在每个环节上，包括营销端、研发端、供应链端、制造端都将效率做到极致（见图13-4）。

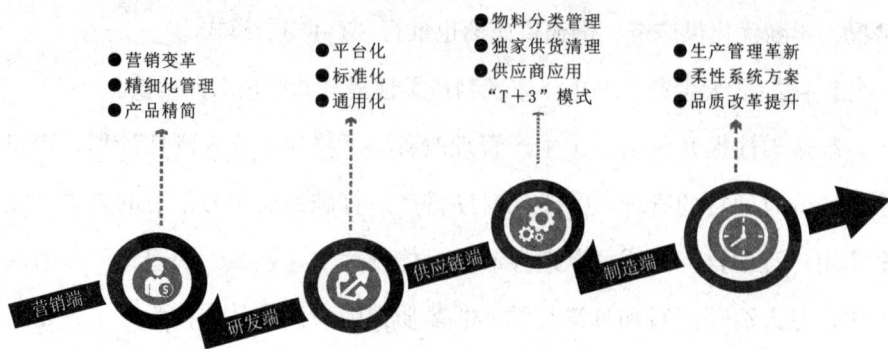

图13-4　产销价值链拉通

注：本图中各端所包含的内容与美的案例各端的内容有出入，因为本图是以企业的共性作为依据的。

　　尽管"T＋3"模式具备种种优势，但实施起来企业需要结合具体经营情况来确定采用"T＋n"，这些具体经营情况包括但不限于行业发展情况、企业发展情况、同业竞争情况、技术更新情况、员工能力情况等，因此不能一概而论。本节只是通过对"T＋3"模式的详细解读，给大家理出一个思路。

　　例如，快销女装品牌 Shein 就不是"T＋3"模式，而是"T＋1"模式。Shein 品牌的"T＋1"模式是一种以"快"为关键词的快速反应模式，主要涉及供应链管理、库存管理和物流配送等方面。

　　在供应链管理方面，Shein 品牌采用了一种称为"小单快反"的模式，即先做小批量生产，然后根据销售情况快速调整生产计划。这种模式能够快速响应市场需求，减少库存积压和浪费。同时，由于是先生产小批量产品进行测试，也能够降低大规模生产的风险。

　　在库存管理方面，Shein 品牌采用了零库存策略，意味着在生产过程中只生产必要的产品，避免产生过多的库存。这种策略能够减少库存成本和风险，提高企业的运营效率和盈利能力。

　　在物流配送方面，Shein 品牌采用了高效的物流配送系统，能够快速将产品从工厂送到消费者手中，提高用户的购物体验和满意度。同时，这种系统也能够减少物流成本和时间，提高企业的整体效率和竞争力。

综上所述，无论是美的的"T＋3"，还是Shein的"T＋1"，都是以"效率"为关键词的快速反应模式，实现了效率驱动后，进一步实现了快速响应市场需求、降低库存成本和风险、提高企业运营效率和盈利能力等目标。

企业成本管理的常见误区

不断优化成本，不断降本增效，持续提升成本管理能力是企业经营的永恒主题。尤其在外部环境复杂多变，内部经营利润不断下降的情况下，进行成本管理显得更为重要而紧迫。但越是重要和紧迫，越不能盲目，因为不是所有的降本方式都是正确的，也不是所有降下来的成本都对企业发展有益。实际操作中，很多企业就是因为没有走对降本增效之路，导致陷入困境，甚至崩盘。

本节结合多年来不同行业、不同企业、不同经营状况的实战和咨询经验，详细归纳出企业常见的成本管理误区，帮助广大企业管理者避开这些常见的"降本之坑"，把时间、资源、勇气和果断用在正确的事情上。

误区1，成本管理就是压低采购价格

就采购环节而言，将价格尽可能压低确实可以做到成本"最优化"，但这个"最优化"是暂时的。因为质量较差的原材料会导致生产环节的成本、销售环节的成本不可控地上升，随之而来的是用户满意度的下降。将这些问题汇总就会发现，只在乎低廉的采购价格，极易导致整个价值链的成本提高。如果因此引发重大质量问题，企业和相关品牌的损失将更加无法估量。因此，在寻求降低成本时，企业切忌本末倒置，采购当然要关注价格，但降低成本的方法不止于此。

误区2，成本管理就是所有都要降

不少企业理解的成本管理就是做"减法"，即所有环节的成本都要降。事实上，有的成本可以降，有的成本则不能降；有的成本非但不能降，还要尊重基本上升的趋势。例如，为加强环境保护需要承担的成本，这是企业必须履行的义务，付出的成本需随着企业经营状况、环保具体要求和设备升级改造而提升；再如，专业人员的培训成本，据相关统计来看，采购职业技能欠缺导致企业采购成本平均增加，若节省相关培训成本，则采购成本会继续增加，因此这部分培训成本根本没法省。因此，成本管理必须避免陷入"成本普降"的误区，需合理配置降低成本的资源。

误区3，进行成本管理无须考虑质量

有些企业管理者总是简单地认为，进行成本管理是一件对企业发展有益的事情，因此只要开始进行就一定会给企业带来好处，因此忽视了成本削减可能会影响产品或服务的质量的严重问题。降低成本通常需要权衡质量和成本之间的关系，如果过于追求成本削减，可能会导致产品质量下降，最终损害企业的声誉和客户忠诚度。因此，成本管理应与质量管理紧密结合，以确保产品或服务的质量不受损。

误区4，成本管理只关注直接成本

有些企业过于关注直接成本，忽略了间接成本和隐藏成本。间接成本包括管理和行政开支，以及与生产和销售无直接关联的费用。隐藏成本可能是隐性浪费，例如，低效的流程或过多的库存。成本管理应该考虑到这些成本，以确保全面的成本效益。

误区5，成本管理是一次性项目

一些企业将成本管理视为一次性项目，而不是持续性的过程；甚至把降成本当成"搞运动",一段时间做得轰轰烈烈,等运动过去,又无人问津了。一次性的成本削减措施可能会在短期内减少开支,但可能不可持续。企业应采用长期的成本管理策略,包括改进流程、提高效率、优化供应链等。成本管理还应成为企业的文化和习惯,定期审查、分析和改进成本管理策略,对于保持竞争力至关重要。只有将成本管理当成一项持续性策略,企业才能实现长期的盈利增长。

误区6,成本降低等同于利润提高

许多企业管理者错误地认为,只要降低成本,利润就会自动提高。这样的想法忽略了市场需求和产品定价的影响。降低成本可以提高利润,但如果产品价格太低或市场不稳定,仍然可能无法盈利。而且,过于专注于成本削减,就会忽视创收机会。企业必须寻找新的市场、产品或服务,以增加收入。企业还需全面考虑市场策略,包括定价和市场份额,而不仅仅是成本。

误区7,关注后端环节,忽视前端环节

多数企业管理者都会自然地把成本理解为采购和生产成本,把降成本局限于采购降价和精益生产等后端环节。通常来看,采购降价和精益生产能为企业带来的降成本收益相加只占一小部分,剩下大部分的降成本空间产生于技术研发、市场行销、消费者服务等前端环节。因此,企业应将前端环节作为供应链成本降低的重中之重,从降低复杂度、原材料的可获得性、生产工艺的成熟、生产效率的稳定、产品配送的便利等方面综合考虑,全面兼顾,使企业成本领先战略赢在起跑线。

误区8,缺乏系统思维,只在单点求降

通过对信息流、物流、资金流的控制,从采购原材料开始,制成中间产品以及最终产品,再由销售网络把产品送抵消费者手中,是一条完整的供应链。但一些企业管理者认为,追求所有环节支出成本的最小化,就可以达到降低成本的目的，却忽略了供应链是企业一系列价值增值活动所构成的完整系统，各环节成本相互影响，甚至此消彼长。因此，追求总成本最优化必须对各供应链环节之间的相互协调和最优化进行整体考量，统筹考虑，打出"组合拳"。

误区9，关注短期效益，压榨员工利益

许多企业管理者为求迅速降低成本，采用急功近利的方法，如大规模裁员、大规模降薪或削减研发预算。然而，这种做法不仅会导致员工不满，影响工作效率；还会拉高，并增加企业的培训成本；更重要的是，会损害企业的长期发展和竞争力。相对于压榨员工，培训和激励员工更能提高他们的效率。同时，企业应注重长期利益，寻找可持续的成本降低策略，如流程优化、创新和效率提升。

误区10，成本管理只是财务部门的责任

很多企业将成本管理视为财务部门的责任，而忽视了其他部门的作用。实际上，成本管理需要跨部门合作。销售、采购、生产和研发部门都对成本产生影响。因此，各部门都应参与成本管理，共同努力降低成本，以实现整体盈利目标。

企业成本管理是复杂而关键的任务，涉及多个方面，需要综合考虑。为避免上述误区，将成本管理视为战略性任务，并将其纳入企业的长期规划中，可以帮助企业实现更好的盈利，提高竞争力，以及更好地满足客户需求。

通过节约成本提高企业盈利水平

企业若想提高盈利水平，除了开源——提高生产效率，还要节流——降低成本，让降本成为增效的助力。

降本是通过节约经营、管理中的各项成本来提高企业的盈利水平。在任何时代经营企业，降本都是企业保持竞争力和战略优势的重要手段。某企业要在生产方面实现降本，通过改善生产工艺、采用节能材料、压缩人员编制、削减管理成本等四项措施，使生产成本下降了45.7%，大幅提高了企业的竞争力和市场占有率。

增效是提高企业生产效率和资源利用率，进一步提高企业的竞争力和盈利水平。任何企业都必须时刻将增效作为发展的基本原则，一切创新、改变和适应都需要围绕增效做文章。某企业希望提升生产效率和资源配置，其做法是优化生产流程、强化市场营销、创新技术应用等，在不同环节中实现效益最大化。

降本增效是企业常用的管理策略和方法，旨在通过降低成本来提高效率，以实现预定的经济目标，为企业的可持续发展提供强有力的支持。其实，降本增效不仅可以帮助企业提高经济效益，还能在其他方面起到积极作用（见图13-5）。

企业要提高盈利水平，必须进行成本分析。这意味着仔细审查所有支出，包括人力资源、原材料采购、生产、运输和营销等方面的开支。通过识别成本中的主要组成部分，企业可以更好地了解哪些领域可以进行改进。

因此，企业要节约成本必须采取切合实际情况的方法，才能达到预期效果。节约成本可以从以下五个方面进行：

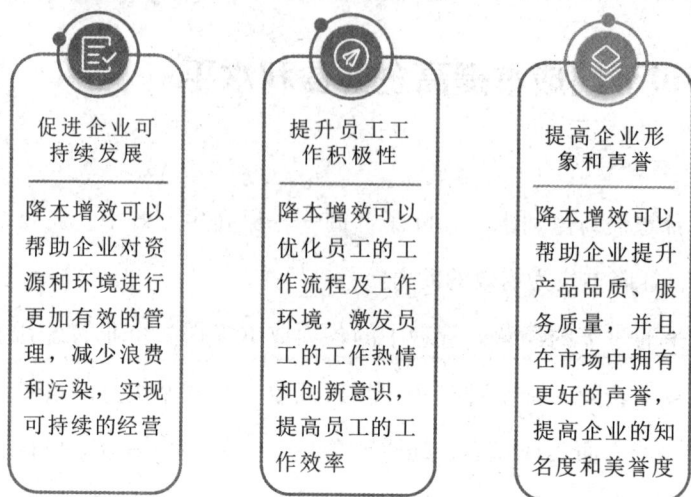

促进企业可持续发展

降本增效可以帮助企业对资源和环境进行更加有效的管理，减少浪费和污染，实现可持续的经营

提升员工工作积极性

降本增效可以优化员工的工作流程及工作环境，激发员工的工作热情和创新意识，提高员工的工作效率

提高企业形象和声誉

降本增效可以帮助企业提升产品品质、服务质量，并且在市场中拥有更好的声誉，提高企业的知名度和美誉度

图13-5 企业降本增效在其他方面的积极作用

（1）供应链优化。优化供应链，如减少库存周转时间、精简供应商网络，可以降低采购成本、运输成本和库存成本。通过与供应商建立更紧密的合作关系，争取到更有利的价格和交付条件。采用先进的物流和库存管理系统可以减少库存成本，并确保产品按需供应。

（2）劳动力管理。有效管理员工和劳动力成本，包括培训、绩效激励和工时管理。合理的员工调度和人力资源规划可以降低人力成本。

（3）技术自动化。投资自动化技术，以减少人工干预，降低出错率，提高生产率，并降低人工成本。此外，利用云计算和虚拟化工具可以降低IT基础设施的维护成本。

（4）人力资源管理。可以采用灵活的工作安排，如远程办公，以减少办公空间和设备的成本；还应通过培训和发展员工以提高生产力。精简组织结构，消除不必要的职位，也可以降低人力成本。

（5）能源资源管理。优化能源和资源的使用，采用节能设备，减少能源和资源浪费，从而降低能源和资源成本。进行能源和资源管理不仅可降低能源和资源采购的成本，还有助于环保。

沃尔玛作为全球最大的零售商之一，采取了多种措施来降低成本。通过优化供应链、采购策略和物流，降低了采购成本；还投资自动化技术，如自动化仓储和自助结账系统，降低了劳动力成本。

苹果在产品制造过程中严格遵守材料节约和供应链管理，采用可持续的材料和工艺，降低了制造成本，同时提高了产品质量。

亚马逊利用大数据技术分析和预测来管理库存和运输，以减少库存成本和运输成本。还积极推动能源效率项目，减少了数据中心的能源消耗。

在很多企业降本增效的实际操作中，先进且高效的营销也可以成为降低成本的机会。通过数字营销和社交媒体广告，企业可以降低广告和推广活动的成本，同时更精确地针对潜在客户。

此外，要实现持续的成本节约，企业还需建立一个跟踪和评估成本的体系，通过制定预算和定期审查实际支出来实现。同时，员工的参与和反馈也是关键因素，因为他们可以提供改进成本效益的宝贵建议。

通过精心规划和实施成本节约方法，企业可以提高盈利水平，同时提高竞争力。因此，企业应该不断寻找改进成本管理的机会，以确保可持续盈利增长。

综上所述，降本增效对于企业的可持续发展具有重要意义，它既可以提高企业的竞争力和盈利水平，也可以为员工提供更好的工作环境和发展机会。通过不断追求成本效益，企业可以在竞争激烈的市场中脱颖而出，并实现更高的盈利水平。

参考文献

［1］［美］罗里·瓦登.时间管理的奇迹［M］.易伊.北京：中国科学技术出版社，2022.

［2］毕嵘.极简时间管理：4倍效率实操方法，轻松实现"开挂"人生［M］.北京：电子工业出版社，2023.

［3］曾仕强.中国式管理效率手册［M］.北京：北京联合出版公司，2019.

［4］萧雨.向上管理：与你的领导相互成就［M］.南京：江苏凤凰文艺出版社，2019.

［5］李践.数字化飞轮［M］.北京：中信出版集团，2022.

［6］［美］彼得·德鲁克.卓有成效的管理者（55周年新译本）［M］.辛弘.北京：机械工业出版社，2022.

［7］孙陶然.有效管理的5大兵法［M］.北京：中国友谊出版公司，2022.

［8］［美］马歇尔·古德史密斯，［美］马克·莱特尔.管理者如何让人长期追随［M］.刘祥亚.上海：文汇出版社，2023.

［9］陈春花.管理的常识［M］.北京：机械工业出版社，2022.

［10］［美］赫伯特·A.西蒙.管理行为［M］.詹正茂.北京：机械工业出版社，2020.

［11］[美] 马丁·拉尼克. 领导者习惯: 卓越管理的 22 个必备技能 ［M］. 王新玲. 成都: 四川文艺出版社, 2019.

［12］[新西兰] 托德·布里奇曼, [新西兰] 斯蒂芬·卡明斯. 管理学的进化［M］. 原理, 李璐薇, 钟家渝. 北京: 中国人民大学出版社, 2023.

［13］[美] 威廉·爱德华兹·戴明. 戴明管理思想精要: 质量管理之父的领导力法则［M］. 裴咏铭. 北京: 金城出版社, 2019.